passion

of the books, by the books, for the books

# 移動的邊界

陳冠中／著

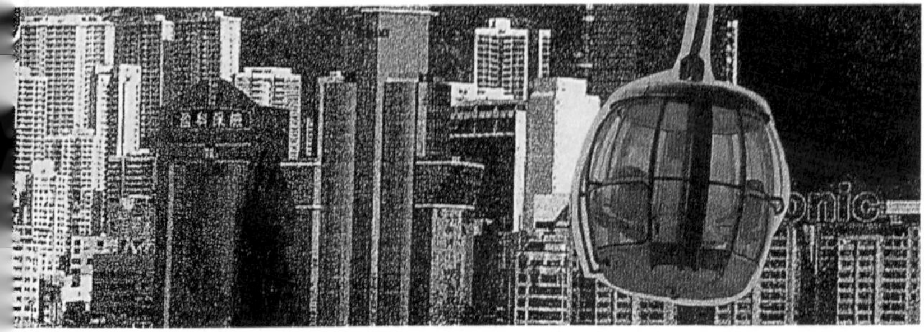

# 移動的邊界

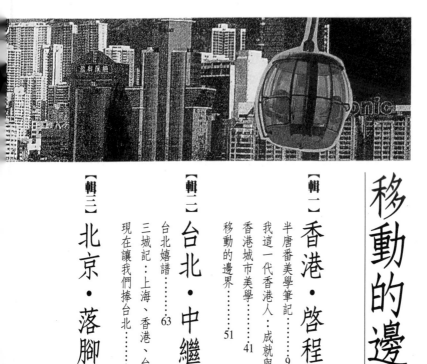

AIPEI 101
Kuan-Yin 觀音山
National Taiwan University 臺灣大學
Taipei Main Station 臺北車站
4 719606 000609

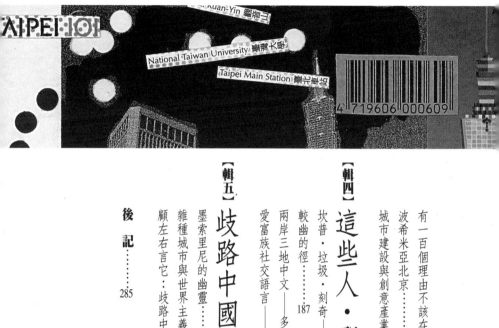

# 香港・啓程

正如北非文化滋長了文藝復興的威尼斯、洋涇濱成就了二十世紀初的上海、吐蕃統治奠定了敦煌的輝煌，「半唐番」將在後世的記憶中代表香港。

# 半唐番美學筆記

## 一

想不到，經過了二十年，我終得承認這是代表香港的。

如果童年不是在香港度過，這一切只可能是粗鄙突兀的爛玩笑，但因爲童年，一切是自然正常。如果青少年不是在香港待過，就不會有信心說，這一切是我們的生活，是眞實的，而不是噱頭，不是佈景與道具，不是異國情調。

老廣東們稱這一切爲「半唐番」，說的時候不無貶意，一半華、一半夷；一半中、一半外；一半人、一半鬼。

本來是騙洋鬼子的，或是騎在洋人肩膀笑國人的東西，成爲我們的驕傲；本來是急就章的方便，成爲我家的本土風格；本來是爲勢所逼的小聰明，成爲吾等對人類的貢獻。

正如北非文化滋長了文藝復興的威尼斯、洋涇濱成就了二十世紀初的上海、吐蕃統治奠定了敦煌的輝煌，半唐番將在後世的記憶中代表香港。

換個角度，每一個老大文化都需要「野蠻人」來恢復想像力的青春，歐洲現代藝術有非洲，美國精神有西部，大洋洲人有貨櫃崇拜，中國有香港，香港有半唐番。

在珍·奧斯汀的小說裏，住在英國田園曼斯菲豪宅裏的農夫士紳淑女，眼中的倫敦永遠是墮落不文的。我在北京住了近三年，也知道部分京派文人經過五十年共產統治，仍高高在上自認爲是「源」，而香港是「流」，說穿了，根本連流的資格也沒有，根本是文化沙漠。

香港文化大翻身，是時候了。

## 二

半唐番的階段論：開始的時候，一定是折衷主義，拿來主義，是時尚噱頭，是刻奇（kitsch），甚至是無心之得。然而，當萬千半唐番品種在文化濃湯裏適者生存，存活下來的，就出現質的變化，得到了足夠的承接力，開始了自己的傳承，成正果的，叫「新本土」，叫「後現代」，叫「文化身分」。

舉大排檔（香港路邊攤）的奶茶爲例，錫蘭的紅茶，給引進到英格蘭成爲風尙，殖民者到了香港仍保存祖家習俗，統治者受到模仿，紳士淑女感染了普羅大眾，後者蹲在大排擋的長木凳上（不是坐，是蹲），茶弄得特別濃，用罐頭的提煉淡奶佐之，口感特重。一則勞力者需要更「勁」的咖啡因；二則當年鮮牛奶得來不易，遂產生大排檔奶茶。今天香港人移民到了溫哥華，還會懷念它，偶爾非喝它一口不可，如老美每隔一些日子要上一次麥當勞以解鄉愁。

與大排檔奶茶同一範疇的還有：「茶餐廳」、豉油西餐，以至在舊中國銀行大廈頂樓紅極一時的私人會所「中國會」。

用今天香港人的眼睛，仍很容易辨認出上述一切是半唐番。實際上，香港有更多的半唐番，已經登堂入室，或大家習以為常，見怪不怪。

嶺南派的水墨畫，當年加入了西洋透視法和顏料，在上一代中原文人畫家眼中，是不折不扣的半唐番，今天嶺南派是香港的精緻文化，確實，該派門人雖遍及廣東、台灣，但說是在香港成正果也不太離譜。

廣東大戲，或稱粵戲，因為成熟期較晚，加進了不少西洋樂器和曲譜，已故名丑梁醒波甚至把瑪麗蓮・夢露、克拉克・蓋博也揉合在曲詞中。一九四九年後，香港一度是粵劇傳承所在，近年式微，亦因而升格為「傳統」戲曲，屬精緻文化受保護類。（香港的「番書仔」用英語唱粵劇，更不用說是初級半唐番了）。

半唐番的定律是：地位提升後，你就忘了它的半唐番性、它的始源。最有代表性的是港式電影。香港電影固然科技上是舶來的，美學上也沒有如日本電影一般，跟美國電影有過一段頗長的決裂期，敘事體上一直對好萊塢並沒有抗體，港人對跟風模仿亦不感汗顏，問題是，香港電影最終還是有異於好萊塢的調調。

黑白粵語片裏曾拍過阿拉伯一千零一夜背景式的喜劇，劇中人穿羅馬武士裝，女的面披輕紗，半唐番 camp 味十足；近年也出現重拍外國電影的例子，如好萊塢重拍多次的《秋霜花落淚》，搬到香港成爲《法外情》；橋段和場面照搬不誤更比比皆是；然而，重點是半唐番並沒有因經濟條件改進和地位提升而「進化」成純洋種，有強韌生命力的半唐番獲得延續而起了質的變化，成爲「香港風格」。

三

香港電影中武打成分的宗譜學可以把問題說得更清楚：黑白粵語片拍過很多武俠片和功夫片（如《黃飛鴻》），直到六十年代出現了一次認識論的突變，史提夫・麥昆主演的《聖保羅砲艇》在香港拍外景，首次由武術指導召集香港壯丁（如姜大衛）作動作臨記，集體培訓，教我們的未來武行如何做反應，如何取鏡頭更有實感，奠下了美式武打電影語言的基礎，一改當時粵語片的長鏡頭武打場面（反令觀眾覺得不眞），在擺佈觀眾的能力上得到飛躍。

然而港片並沒有停留在美國那套的所謂實戰感，取經之後立即另闢幽徑，一線是胡金銓與張徹用鏡頭和理念，拍出「新派」武打，即胡的《龍門客棧》（之前已有《大醉俠》），和張的《獨臂刀》（之前已有他帶動的新派武俠片）；另一線是原粵語片的武師如袁小田、唐佳和劉家良，帶著深厚的功夫底子，從微觀角度逐步提升武打設計。到了七十年代，出現了學過詠春拳，從香港出去，在美西自我成就後回流的怪傑李小龍，令香港的武術成為世界現象，武打片更進而統治了七十年代本地影壇，實感程度是六十年代港台電影不可想像的。傳承到了八十年代，加上一直潛伏影圈的紅褲子七小福輩皆長大成龍，和電影學院或電視台出身的嬰兒潮導演合流，無論在實感或鏡頭設計上皆更上層樓，可謂人才濟濟，各領風騷，盛極一時，香港武打電影數十年修行終成正果。你說我是半唐番，我承認，但是你忘了我的汗和血。

## 四

汗和血，正是本文理論的重點，即勞動價值和再生產，只有汗血論才能破各學說中的原教旨論和中心論。

半唐番開始的時候可能是因時制宜，但若能不斷重新再生產下去，加入了各代人的勞動（心身）輸入，就發生上文說的質的改變，如不同單細胞在同一池塘內，到達某一臨界的數量後，便出現奇妙吸引子，自組織成前所未見的突變體，這個突變體不再是原來的細胞的外在機械結合，而是有機的「創造」。用另一較通俗的比喻，就是雜種。雜種是遺傳因子層面的結合，是不能還原爲原來給出這個生命的兩個個體，不能分哪部分是他還是她。還原就是毀滅，就是死亡。

成功的半唐番，都是不能還原的新生事物，是偉大的雜種。帝國撤走後，原宗主國的文化就會茁長嗎？對不起，不是這樣，歷史不能從頭再來，雜種就是我們寶貴的本土，半唐番就是出發點，我們的源頭。

汗血論和雜種論同樣尊重在地人的勞動生產，是解放的文化觀。

爲什麼要一再強調？因爲現在還有很多反動的、壓抑的意識型態和帝國霸權在愚弄我們，因爲很多錯誤的「偉大」思想仍很活躍，如各類的文化原教旨主義、源頭優越主義、血統純粹主義和民族沙文主義，各類文化沙漠的論調，各類界定香港文化只是某些「偉大」源頭的末流的論調，各類認爲香港只是國際文化的競技場而本身並沒有自己的文化的論調。

半唐番論因此是肯定「特殊性」的，這也構成它的普遍主義：絕大部分的各類文化在不同時期不同程度都曾是半唐番，雜種就是正種，邊緣從來就是自己的中心，異端才是人間正道。

## 五

我曾經竭力追求正種、中心、正道、源頭，如法農（Frantz Fanon）所說的殖民地菁英，我文化想像的首都曾是在西歐和美國。記得二十年前我在波士頓待了十五個月，回到香港大吃一驚，爲什麼地方和東西都變小了，人的個子也像小人國國民一樣；更不習慣的是香港的城市美學，街上商店的招牌顏色刺目鄙俗、設計風格混雜（波士頓到底是個顏容調和的城市）。那段日子我自以爲差點變身爲純美東知識份子，修鍊出高加索人的眼睛，直至有一位崇華的洋人跟我說，香港街道上的招牌令他亢奮。我聽了眞的目瞪口呆，難道這世界沒有審美準則嗎？爲什麼香港老外喜歡的華人女子都長得像高更裏的大溪地女人？爲什麼他們在香港過冬要很半唐番地穿中國棉襖，而我們卻學《英雄本色》的周潤發穿長西式大衣？如果連這些熱愛中華、滿腹經綸的純洋人也有偏差（東方主義），那麼我這個去源頭取經的假洋人又能體會到什麼放諸四海的智慧呢？

二十年後，我承認半唐番在香港的成就。

我終於明白，無論在什麼地方，當地就是源頭，世界與我是互動的，因此從我的主觀鏡頭看出去的，必然有我的選擇，是我的他者，一不小心便是我的想像。這是放諸四海的智慧。

用不同的眼睛，可以看出不同的現實。只要稍調整過的眼睛，都不難看出香港羽翼已豐的半唐番雜種文化，自成系統。讓這個觀察成爲可以「論述」，是本文的目的，目的在建立一個有自尊的文化主體，對得起在地人的汗和血。

## 六

不要弄錯，我並沒有說香港只有半唐番，更鄭重地說，我不認爲香港只「應」有半唐番。成就香港的是兩套文化機制的並存：

一是港人的自發勞動再生產出來的半唐番——港式文化。二是多元文化，即不同的元，能夠並列不相悖，甚至不一定「和」，而是各顧各的存在。好像過濾性病毒入侵本體遇到抗體，經過一陣肆虐後，往往穩定下來，與本體共存。英國殖民者用的是懷柔政策，政治上「行政吸納政治」（金耀基語），經濟上放任，文化上容忍，各種不同的元得以互不相干的並列。

我在香港曾參與經營一家有機農場，一如所有從事有機耕耘的人都知道，不同植物間雜共種在同一塊土地上，比單一品種的耕種更少蟲害，更有利泥土，更能永續。多元文化生態，如間雜有機耕種，可減少禍害。

多元文化，使香港繼續像個國際城市，是必須堅持的。不能讓任何帝國的單元文化獨大。

不過，多元文化是個拼盤，有部落化的傾向。要尋找共識，建立身分認同及自尊，仍有賴自己發功，即生命力旺盛的半唐番。這是香港文化的一地兩制，很美妙的共生。（或者說，半唐番是香港多元文化中最能建構本土文化身分的一元。）

七

下回你去香港看一國兩制，也順便用另一眼看文化上的一地兩制——用張愛玲的眼睛就可以。

殖民地的痕跡斑斑，半島酒店還在，但要找二十年前在香港會（Hong Kong Club）或香港大學高級講師休閒室那種大英帝國餘暉，恐怕不容易了。用深層之眼，則可察覺到香港的法制和文官制度，內容上雖已華化，台階卻是英國人搭的——是大家希望能延續下去的。

國際跨國的符徵，俯拾皆是，只是量比台北、北京、上海更多。有空不妨去荷李活道逛逛，品嘗明式傢俱與異國情調的微妙結合。

中國大傳統是要刻意去找的——中文大學的新儒家、北角的古琴大師、沙田的水墨石家。香港的帆船和漁民，本屬南中國浮海而生的化外之民（蜑家），是邊緣少數族群，在洋人異國想像力中得到不成比例的擴大。

還有兩個「中國」族群：一是新界原住民，他們藉此要求特殊權利；二是爲共產黨在港澳工作的香港「左派」，他們活在自己的影子社會幾十年，現在看他們如何融入大社會。

以上是多元的。但當你走在大街上，放眼所在，大抵不外是香港人在幹半唐番的活。

（一九九七年）

# 我這一代香港人：成就與失誤

我是上世紀五二年在上海出生的，四歲到香港，小時候上學，祖籍欄塡的是浙江鄞縣，即寧波。我在家裡跟父母說上海話其實是寧波話，跟傭人說番禺腔粵語，到上幼稚園則學到香港粵語。我把香港粵語當作母語，因爲最流利，而且自信地認爲發音是百分百準的，如果不準是別人不準，不是我不準。就這樣，身分認同的問題也解決了。

我後來才知道，我是屬於香港的「嬰兒潮」，指的是一九四九年後出生的一代。香港人口在二戰結束那年是五十萬，到一九五三年已達兩百五十萬，光一九四九便年增加了近八十萬人。隨後十來年，出生人口也到了高峰，像舊式的可樂瓶一樣，開始還是窄窄的，後來就膨脹了。

可想我這代很多人對童年時期的貧窮還有些記憶，家長和家庭的目標，印在我們腦子裏的，似乎就是勤儉，安定下來，改善生活，賺錢，賺錢，賺錢。

我們的上一代當然也有一直在香港的，但有很大一群是來自廣東的、來自上海和大陸其他地方的，是在認同大陸某個地域而不是香港的背景下走出來的。

南來的知識份子更有一種文化上的國族想像，逃至殖民邊城，不免有「花果飄零」之嘆。

然而，從我這代開始，變了，就是，中國大陸對我們來說只是一個帶點恐怖、大致上受隔離的陌生鄰區，而我們也沒有寄人籬下的感覺，沒有每天仇大苦深想著香港是個殖民地，我們只是平凡地長大著，把香港看作一個城市，我們的城市。

這裡我得及時聲明我是在發表對同代人的個人意見，並不是代表同代人說話，說不定有人一生出來就懂得愛國反殖。我在下文想說明的其中一點恰恰就是愛國和民主一樣，對我們來說都是後天慢慢建構出來的。

我們的中小學歷史教科書是不介紹中國二十世紀當代史的。儘管中文報紙上有報導大陸的消息，我這代在成長期往往在意識中是把當代中國大致排斥掉的。

我這代一個最大的共同平台，就是我們的中小學，不管是政府還是教會或私人辦的。唯一例外是「左派」學校的學生，在人數上是極少數。

我們的學校當時是怎樣的學校呢？是一條以考試爲目標的生產線。我們這代人一個很大的特點，就是考完試後就會把學過的內容給丟了，這對香港整代成功人士有很大的影響：他們可以很快很聰明地學很多東西，但轉變也很快，過後即丟，而且學什麼、做什麼是無所謂的，只要按遊戲規則，把分數拿到。

在中學裏面，我覺得唯一不全是爲了考試的學科，除了教會學校的聖經課，就是中文中史課。我們的中文老師可能也是我們唯一接觸到中國大傳統的渠道，關於中國文化，甚至做人德行，都可能是從中文課上獲得的。現在我這代中人，對文化歷史時政有些理想主義想法的人，很可能都是中文課的好學生，或讀過武俠小說，否則說不定連小小的種子都沒有了。

可惜中文課在香港英文學校裏是比較邊緣的東西，有些根本就不理這門課。

一九六四年，我這代進入青春期，那年，披頭士樂隊訪問香港。

我那比我大一歲的姊姊和同班同學去電影院看了十次披頭士的電影《一夜狂歡》（*A Hard Day's Night*）。

我們跟父母搞了些代溝，稍留長了頭髮，穿牛仔褲，彈吉他。因爲我們曾手拉手唱過英語反戰歌，我以爲不用問大家都是接受平等及參與性的民主，我要到了一九八〇年代中才覺悟到沒有必然關連。

一九七三年，香港股市在狂升後出現「股災」。

我這代的青春期，就由英美時髦文化開始，到全民上了投資一課後畢業。與同期同代大陸人太不一樣，我們可說是「什麼都沒有發生」的一代。

當然，中間經過一九六六和一九六七的兩次街頭抗爭插曲。第一次帶頭反天星小輪加價的是青年人，對未成年的我們有點不甚了了的輕微吸引。第二次衝突大多了，是文革的溢界，逼著站在港英一邊的明智大多數和他們的子女，隨後的許多年對中國大陸更有戒心——把大陸視為他者，相對於「我們」香港。除此外，以我觀察，六七年事件對我這代大多數人的心靈和知識結構並沒有留下顯著痕跡。

這時候登場的是香港隨後三十年的基調：繁榮與安定壓倒一切。

這時候香港政府調整了管治手法，建公屋，倡廉政。

這時候我這一代也陸續進入人力市場。

連人口結構都偏幫我這一代：我們前面沒人。

就是說，嬰兒潮一代進入香港社會做事時，在許多膨脹中和冒升中的行業，他們往往是第一批受過良好教育的華人員工，直接領導是外國人或資本家。我們不愁找不到工作，我們晉升特別快，許多低下層家庭出身的子女憑教育一下子改變了自己的社會階層，我們之中不乏人三十來歲就當上外企第二把交椅。

似乎不論家庭或學校、文化或社會，都恰好替我這一代做了這樣的經濟導向的準備，去迎接隨後四分一世紀的香港經濟高速發展期。

我們這批人不知道自己的運氣好到什麼地步，其實並不是因爲我們怎麼聰明，而是因爲有一個歷史的大環境在後面成就著我們。香港是最早進入二戰後建立的世界貿易體系的一個地區，在日本之後便輪到我們了，比台灣早，台灣還搞了一陣進口替代，我們一進就進去了，轉口、貿易、輕工業加工代工，享盡了二戰後長繁榮週期的先進者的便宜。另外，大陸的鎖國（卻沒有停止以低廉貨物，如副食品供給香港）也爲我們帶來意外的好處，這一切加起來，換來香港當時的優勢。我這批人開始以爲自己有多厲害、多靈活、多有才華了。我們不管哪個行業都是很快就學會了，賺到了，認爲自己了不起了，又轉去做更賺錢的。

我並不是說我們不曾用了力氣，我想強調的是：

這一代是名副其實的香港人，成功所在，也是我們現在的問題所在。香港的好與壞我們都要負上絕大責任。

我們是受過教育的一代，可訓練性高，能做點事，講點工作倫理，掌握了某些專業的局部遊戲規則，比周邊地區先富裕起來，卻以爲自己特別能幹。

我們從小知道用最小的投資得最優化的回報，而回報的量化，在學校是分數，在社會是錢。這成了我們的習性。

在出道的一九七〇和一九八〇年代，我們在經濟上嘗到甜頭，這成了路徑依賴，導致我們的賺錢板斧、知識結構、國際觀都是局部的、選擇性的，還以爲自己見多識廣。

我們整個成長期教育最終讓我們記住的就是那麼一種教育：沒什麼原則性的考慮、理想的包袱、歷史的壓力，不追求完美或眼界很大很宏偉很長遠的東西。這已經成爲整個社會的一種思想心態：我們自以爲擅隨機應變，什麼都能學能做，用最有效的方法，在最短時間內過關交貨，以求哪怕不是最大也是最快的回報。

我在香港拍過一部美國電影，美國的設計師要做一個佈景枱子，叫香港的道具師幫他做，他每天來問做好沒有，香港道具師都回答他，不要緊，到時一定會做好的，等到開拍那天，果然那張枱子及時被搬進來了，表面上看起來還是不錯，但仔細一看，枱子的後面是沒有油的，因爲後面是拍不到的，而且只能放著不能踫，一踫就塌，美國的道具師不明白，爲什麼我早就請你們做個枱子，要到最後一刻才交貨，而且只有前沒後；香港的道具師也裝不明白，你要我們做個道具，不是及時交貨了嗎，而且是幾秒鐘鏡頭一晃就過去的那種，爲什麼要做得太全呢，在鏡頭裡看效果是不錯的，況且不收貨的話也沒時間改了。這是我們的 can do 精神、港式精明和效率。

我這代這種心理，早在成長期就有了，到我們出社會後更是主流價值，不是現在年輕人才這樣，現在年輕人都是我們這代教出來的。

說一九七〇年代是「火紅的年代」、我這代是理想主義一代，喂，老鬼們，不要自我陶醉了。

正如太多我這代人自以爲了不起，其實比不上我們的上一代，只是運氣比較好罷了。同樣，火紅的一代也只是後來膨脹了的神話，嚴格來說，都是失敗者。

首先，火紅並不是我那代的主流特質，實際參與的人就算在大學裡也只是很小的一群：我在一九七一年進香港大學，在我所住的宿舍裏前後三年百多名住宿生中，我知道的參加過「保衛釣魚台」運動最大一次示威的才只有三個——有個別的宿舍比例確實較高。

當時大學生的左翼小圈子裏有兩派，一個是毛派，也叫「國粹派」；另外是更小的圈，是左派中對當時的毛和文革有批判的一派，叫「社會派」。在大學外，有幾個無政府主義者，和幾堆跟當時僅存的港澳老托派聯絡上的年輕激進派，這些圈子也很小，雖然戲劇效果較大。教育、教會和後起的社工界、法律界、新聞界也有個別關心公義的人士和組織。像我這樣鬆散參加過校園民主、民生（反加價、反貪污）、民族（中文成法定語文、保釣）等活動的人則稍多一點。港澳工委在香港的有組織「左派」（不包括親北京工會會員）人數當然又多一點。但總的來說在主流社會裡是少數，說起來遠不如一九八九年、二〇〇三年上街人數——那才是火紅的年份。

待四人幫倒台，不少毛派學生馬上進入商界，到美國銀行等商業機構做事，一點障礙都沒有。一九七九年改革開放後，他們又是第一批去大陸做生意的人。到底是香港教育出來的精英。

可以看到，毛派的深層執著不是毛主義，而是國族，可提煉出來給今天的是愛國。其他零星異端左派當年的主張也幸好沒有實現，然而他們的基本關注是公義，可滋養今天的民主訴求。這就是火紅一代的遺產。

火紅年代的影響很有限，所以在一九八〇年代，民主和愛國都未竟全功。如果嬰兒潮一代人當時空群而出要求民主，如二〇〇三年的五十萬人上街，基本法都怕要改寫，事實是大部分我這代經濟動物根本沒有去爭取，而少數已成既得利益的同代人，竟有反對普選等普世價值的。同時，我這代人仍普遍保留了之前對大陸的畏和疑，而一九八九年的天安門鎮壓更嚴重拖慢了港人學習愛國的進程。

不在公共領域集體爭權益，只作私人安排，也是本代人特點：一九八〇至一九九〇年代中出現往加拿大和澳洲的移民潮。對部分南來的老一代是再出走，對嬰兒潮一代是留學以外第一次有規模的離散，大部分是因為九七要回歸而移民，故不是經濟移民，而是替家庭買一份政治風險保險。有部分的家庭，將太太和子女送去彼邦，丈夫仍在港工作，成「太空人」，因為香港的工作更能賺錢，兼想要兩個世界的最好。眞正斷了香港後路者，他們的位置也很快為留港的原下屬補上。許多成年人移民後的香港身分認同並沒有動搖，身在彼邦心在港。對我這代來說，在亞洲金融風暴前，從財富和機會成本計算上，移民加澳應屬失利。眼見香港持續發達和大陸的變化，九七前後回流香港的也不少。當然也有決心融入彼邦，選擇另一種生活方式和價值觀的。總的來說，移民潮勢頭雖強，最終只是移民個人和彼邦的新經驗，過後竟沒有在香港留下重大烙印，沒有妨礙過去二十年香港主流的發展，而九七效應更曾一度加強這主流：賺快錢。

一直以來，就香港大學來說，主流所嚮往的，除了當醫生外，便是在香港政府裏當官。文官有兩種，政務官和行政官，都要大學資格；而那些所謂最精英的政務官，他們的英語要好，大概頭腦也要比較靈，這類官員總處於職位變動中，今年可能管經濟，明年說不定派去搞工務，換來換去，當久了自以為什麼都懂，其實是按既定規章制度程式辦事，換句話說只懂當官僚。說到底，他（她）們也只是香港教育出來的精英，我們又如何能對他們懷有超乎其認知程度以上的期待？

到一九七〇年代中，主流精英除了各種專業，如律師、建築師、工程師、會計師、教師外，還多了一種選擇：進入商界，特別是外企。一九七三年港大社會科學院應屆畢業生就有幾十人同被數家美資銀行招攬。我們走進了香港的盛世──嬰兒潮代的鍍金年代。

我們帶著這樣的教育和價值觀，自然很適合去企業打工，卻同時又想去創業和投機。我這代開始了香港人這種奇妙彈性組合。我們當管理人，不像西方和日本上世紀中想像的那套刻板的白領中產組織人，而是十分機動的。我們自以為有專業精神懂得依遊戲規則辦事，但如果能過關也隨時可以不守規。我們好學習，甚至加班拚搏，不太是爲了忠誠完美，而是爲表現加薪，或說有上進心。我們隨時轉工易主換業。我們是不錯的企業管理人，卻同時在外面跟朋友搞生意。

我這代人到底是在相對安穩的社會中長大的，不算很壞，我們有做慈善的習俗（當然是在保持安全距離的情況下捐點餘錢），在不影響正業的情況下願意做點公務（尤其當公務直接間接有助正業），表現出大致上守信（理解到這種社會資本長遠來說減輕自己的交易成本），也會照顧家人親友（擴大版的家庭功利主義），不過，底子裡是比較自利和計算的，如以前在學校考試，最終是自己得分過關。是的，我們愛錢。

所以出道十年八年後，我們想像力就被綁架了，很甘心地受勾引，從賺辛苦錢，進化到想同時賺更多更容易的錢：股票、地產、財技。我們初是羨慕，後是不安分，懷疑自己的賺錢能力比同代其他人落後了，最終一起陷入了一個向地產股票傾斜的局。而那幾個行業，從一九七〇年代初開始，一直節節上升，只有在一九七三―七四、一九八二―八四、一九八七、一九八九、一九九三―九四等年，有個短暫股災或樓價回落什麼的，很快又更猛地往上衝。至此，我這代有了這樣的全民共識：明天一定會比今天更好，因爲今天確比昨天好；樓價是不會跌只會升的，打一生工賺的還不如買一個單位的樓。誰能不相信呢？我們的上半生就是在這樣的情況下過來的。至此，我們整代的精英都強化了本來已有的投機習性，一心想發容易財。

我的牙醫邊替我整牙邊打電話問股價。多少做工業的人把工業停掉，用廠地讓自己轉項去做房產，我們的偶像改成地產商或做股票玩財技的人，而我這代很多人搭上了順風車而確實得利。

一九八〇年代也是新古典經濟學復興的雷根—柴契爾年代，這學說背後的意識型態很符合我這代人的個人發財願望，我們知道了世界上沒有免費午餐、政府好心做壞事、產權不清出現公地的悲劇、尋租行爲增加交易成本等啓迪民智的觀念。公司化、解規管漸成政策。資本市場進入更多人的意識。我屢次在聚會上聽到黑社會大佬在談PE（市盈率）、IPO（首次公眾認股）。好像是天賜給我這代香港人一個方便法門，原來自利就是對社會最大的貢獻。

不過，當學說變成信仰咒語後，就出現外部效應，不利於社會進階和凝聚。

一九八〇年代我們的一些作爲，決定了今日香港的局面。

不用多說的是中英聯合聲明、一國兩制、基本法，這些一九八〇年代開始訂下的規範性綱領。

一九八〇年代大陸開放，我們的工業就搬到珠三角去了，誰都不能用工業空洞化的理由勸別人留港，或提出什麼工業政策。既然是賺錢機會嘛，那就去吧，本來已經有點到頭的輕工業，也不用煩升級再投資，那些陳舊的設備都被運進大陸，找到廉價的勞動力，重賺了一筆，並即時利及香港。工廠搬走（像當初上海人南來開紡織廠的用地），正好改做房地產。可這樣一來，整個香港在一九八〇年代開始等於是自動放棄了製造業。

一九八三年的九月，因爲中英談判的前途未卜，港元對美金的匯率變成一比九塊五毛五，人心惶惶，香港政府斷然放棄港幣自由浮動，改跟美金掛勾，當時也是非常有效的決策：民心很快被穩定了下來，外資也安心，知道他們投進香港的熱錢隨時可以定價換回美金。

可是也因此香港政府只得放棄了自主的貨幣政策，從此跟著經濟體質差異很大的美國走，這個一九八〇年代的決定一直綁住了香港調控通膨通縮的一隻手，幾任政府都不敢解套。

舉個著名案例，在九七回歸前，那時美國恰恰因爲墨西哥危機，在減利息，減得非常低，香港也只能跟著把利息降得非常低，但香港當時的房地產是過熱的（投機者期待回歸效應、大陸很多單位希望在香港開個「視窗公司」等等原因），應提升利率才是，卻變了降息火上加油。

後果是把已經是泡沫的房價再往高吹，毀了香港的價格競爭力，誘導了我這代中產者高價入市後變負資產。

香港一九八〇年代以來關鍵都在房地產。一九八四年「中英聯合聲明附件三」每年限量批地五十頃（一九八一年還在售地二百一十六公頃），這方面政府是赤裸裸干預市場而不是放任，托高了地價，成就了財富集中在大地產商的「不完全競爭」佈局（一九九一年至一九九四年落成的私人住樓，有七成是由當時最大的七家地產商提供）。一九八四年至一九九七年首季，樓價升了十四倍，推到一個和港人收入遠不相稱的地步，把全民財富集中在不神聖的三位一體（房產、地產股和按貸銀行），進一步鼓動了港人走精面賺快錢，增加了政府收入，卻扭曲了政府決策。

世界上比較上路的政府，很少故意搞地產過熱，玄妙的是香港歷任政府竟甘於會同發展商和銀行扮演地產熱錢化的主謀共犯，而沾沾自喜的我這代有恆產者豈能不成從犯？

香港用於城市建設的土地少於二〇%，英國殖民者留了超過八〇%給山和樹，香港的土地眞的不足嗎，還是利用這個迷思來政策性地逐步把地價推高？（答案：後者。）

一九九七那年，香港賣地收入佔政府總收入二三%，還未算印花稅。

反諷的是，一半人口住的公屋，加上公共設施、公立醫院，公費教育和公務員，不靠賣地和房稅徵來的錢，我們又怎能享有這麼窄的稅基、交那麼少的所得稅和利得稅？

這就是香港經濟的移形換影大法：香港政府既似是積極不干預的放任小政府，又是對社會能力強勢投入的大政府，像是有兩個迥異的經濟學家——富里曼（Milton Friedman）

和沈恩（Amartya Sen）——同時在指導香港經濟，而從制度政策看，看到的卻是一隻倚重地產並以干預來偏護地產金融財團的有形的手。一切美好，全靠地產，直到它變了怪獸。

這個舉世無雙的香港本色是值得大書特書的，不知道是天才的劇本，還是自然渾成：土地是皇家的，政府做莊家，以限量供地造成稀有令房價長期上揚，吸引香港人紛紛問銀行貸款買房，世代相傳了地產必升的神話，港人有餘錢就繼續買房，或投在當時七大地產公司主導的股市，讓有恆產者與地產商、股市、銀行利益與共，至於在私人住宅市場買不起恆產的人，政府建公屋或租或賣的低價讓大家住，同時靠賣地增加政府收入，保持低平窄稅，法治開放，聯繫匯率，繁榮安定，進一步吸引全世界包括中國的直接投資、避難逃資、投機熱錢湧入香港，房價股市越發猛升，大家發財，順便造就了我城幾十年的富貴與浮華、我這一代人的燦爛與飛揚，思之令人感傷，然後不禁啞然失笑，簡直是一個近乎完美的天仙局，誰還理會製造業空洞化、資源投在非生產性的建設、競爭力消失、房價比新加坡高三倍、大陸在改變、地緣優勢在磨滅、熱錢靠不住？突然日換星移，好日子不再。

場面撐久了，我這代人沒見過別的世面，還以爲這就是本該如此的永恆。一個亞洲金融風暴，問題都出來了，可是已積重難返。

今天香港的問題，都和一九九七前我們自已設的套有關。

譬如，我們的基本法裡，規定公務員的薪水不能低於九七前，就算經濟不景氣，他們的薪水也不能大調，以此來保護當時公務員的信心。

又譬如，我們自以爲平衡的預算很重要，故在基本法裡對此有期待。這點讓董建華擔心，從一九九八年到現在，香港每年都有赤字。

有些人說董建華上台後改掉了許多東西，其實現在香港更多是九七前的繼承，而不是九七的決裂：並不是說英國人走了，我們不用他們的政策，不受他們的影響了。重大的局面都是九七之前已經佈好，而不是九七後才有的，我們只是把九七前的問題更劣質化更外露罷了。

我們的公務員以前聽命於英國外交部和女皇任命的殖民長官，現在也是採取和上面完全一致的態度，他們無所謂，只要老闆叫他們做什麼，他們把它做好就是了，現在做事是沒以前輕鬆了，但他們除了自保自惠外是不擔當的，敢爲老闆在外面說幾句話護主，就叫很有膽色了。

董建華政府的認受性來自北京和財團主導的一小撮人，自然向北京治港官僚及財團傾斜，現在香港高級的官員，我同代的聰明人，也就不會去擋住北京治港官僚及財團對政府的暗箱操作。不過財團和主權國官僚的影響向來很大，一九九七後只是延續，倒是特區行政長官的自主性似更弱於受命倫敦的港督，遂惡化了「裙帶資本主義」的局。

一九九七年的香港是非常繁榮的，給了好的開始，財團和官僚結合的新政府以爲自己掌握到過去香港成功的要素，很懂香港，非常自信，其實他們由工商專業從政，或由官僚扮政治人，對香港的認識是局部的、選擇性的、甚至自我誤導的。

本來，回歸後的政治安排有點像中國當代史上名聲不好的訓政時期，不過訓政也是一個機會，大權在握，是可以趁頭幾年解決一些香港固有問題及部署應對外部劇變，可惜董建華運氣和能力俱不好，無法用上訓政給他的機緣。

現在看起來，從外部來說，大陸的改革開放，初則對香港有利，再下來既一定有互補互利的雙贏情況，甚至是大陸領著香港雁飛的共榮，但也會讓香港體驗到「讓你的鄰居做乞丐」這句話，地區與地區間的激烈競爭是必然的，究竟，香港以前的獨佔性的地緣優勢是沒有了。所以說外部的情況是喜憂參雜的。

從內部來說，香港很殊勝：稅低，效率高，法治尚存，廉政未泯，言論還自由。我自己去了大陸台灣後也有這個感覺：在香港辦事多方便！我們沒有別的社會的城鄉、族群、宗教等重大衝突。當然，這些內部的優勢也是一九九七前就已經有的，甚至可說是我這代出道前已鋪墊的——其中廉政是成就在我這代的。我一代人的問題是太自滿於自己的優點卻看不到內部的盲點，更落後於急劇變化的外部形勢。

我相信香港不會像揚州、威尼斯般，由區域樞紐都會一落千丈只剩下旅遊。不過看到英美一些工業城市一衰落就是幾十年，也有可能香港轉型需要漫長的一段時間。

我知道還是有人以爲政府少說話少計劃，香港經濟就自然會好，這是我這代既得利益者的一廂情願。二○○四年市道轉旺，大家憋了很久，期待重溫舊夢，很不爭氣的香港人又把資本拿去炒樓了。可惜時代不一樣，一個更嚴峻的變局已成形，我們不可能回到往日——何況以前香港政府也從來不是我們以爲的那種不干預。

往前走，我們要解掉一些一九八○年代以來自已設的套。我們要來一個「邊緣向主流的反撲」。

愛國和民主就是必須並肩變爲主流現實的兩個邊緣價值，缺一不可，否則既有憲政危機，也改不了裙帶資本主義的決策腐敗、政府自主性旁落、財富兩極化——香港的財富差距越拉越開，堅尼係數（Gini cofficient）竟由一九七一年的○．四三○升至二○○一年的○．五二五，屬最糟糕的發達國家之一。

愛國和民主都是香港這場實驗早該完成卻未完成的部分，是自利的我這一代人遲遲交不出來的功課。

現在我們需要的，是好好地去研發作爲民族國家一份子的民主憲政時代的管治。

我們從一九八〇年代開始過分重視地產和金融，連政府的思維都像地產發展商，而把原有的貿易、工業冷落了。現在，我們不應只膜拜對香港生產力和競爭力最沒貢獻的地產商和被過譽的資本市場財技人，應重新推崇有國際或地區視野的貿易商、工業家、物流界、基建發展商和創意業，及實幹賺辛苦錢的其他產業，如零售業和部分不受利潤保護的公共設施業。我們需要更多樣化的產業類型。

政府現在說香港以金融、物流、旅遊、工商業爲主，仍不突顯工業。但我這代人所未遇上過的結構性失業，終於出現。失業打擊了我這代部分的人，而將持續困擾下一代。這是外部環境轉變和產業偏食的後果，只鼓吹金融和服務業，很明顯不能提供足夠就業機會。

高失業是很傷害社會凝聚的，有經濟學家就提出「二元經濟」。一方面，我們還要繼續鼓勵金融這類「高價值、低就業」行業，但從另一元來說，我們也要開發那些「低價值、高就業」的產業，包括所謂本地經濟，不然的話，我們的社會就會缺少就業機會。

「二元經濟」原指某些大面積地區內，大企業與中小企業並存或城鄉分列的經濟。在全球化下的全球城市，則傾向出現收入二元分化的趨勢，一元是高收入職業，一元是低價值服務業，像速食店職員、清潔工、小販、迪士尼主題園的服務員等。

二元經濟的說法很正確地指出，維持就業不能只靠金融服務和大企業，但我們要注意「低價值、高就業」這樣的思維語境裡的「認命」傾向，小心反過來合理化了已經嚴重的兩極化趨勢，並衍生出二元分割的路徑依賴。

我這代很多人是窮出身然後翻身到富裕，現在若把就業者鎖在兩個世界，扼殺了往上流通的機會，等於正式宣告了下一代人的香港夢——水漲船高大家明天都更好——的幻滅。這將是香港的倒退。

我覺得，香港必須也有條件去倡導二元經濟的一個更進取的規範性目標，就是「中價值、中就業」，這樣大多數下一代才會有寄望。

我們要鼓勵製造業、貿易和與製造業配套的服務業，找回八〇年代給我這代人弄丟了的出口導向製造業創業觀，如果不是那樣，以後香港憑什麼來做珠三角的前店呢？人家為什麼要把物流給我們呢？香港完全不參與某些工序的研發生產升級，不深入珠三角生產鏈，最後我們連物流也沾不到。我們不能總是厚著臉，求中央政府扭住廣東省的脖子讓利給其實更富裕的香港。

香港並非一無所有之地，我們有多年的累積底蘊，重做製造業、貿易和配套服務的產業不是不可行，有很多榜樣可以學，義大利北部的工業是由無數工作坊式的小工廠組成的，絕對是中價值、中就業（不過義大利的重家族不重法的作風則不值恭維）。

我在上文說過我這代人的國際觀其實是有局限的，其中一種局限是參照對象太窄。

美國固然不能忽略，但更適合為香港整體參照的有新加坡、台灣和韓國，有社會成就高的丹麥、比利時、荷蘭等歐洲小國。荷蘭環水地小人稠（是香港人口兩倍多一點），是全球第六大對外投資國和出口國（跟香港相似），產業比香港均衡多元，以貿易和物流著稱，強盛的製造業則傳統和高科技俱重，大公司和工作坊並列，既有國際名牌，兼發展金融旅遊原料通訊，連漁農業（含花業）也蓬勃，城市化程度高，失業率在西歐是偏低的，財富分佈相對均衡，它的政府、資本與勞工的協商民主政治，也值得參考，通過協商減政府預算、限勞工工資，是後福利主義第三條路的典範。近年全球經濟不景氣，荷蘭也免不了，偏右政府上台，繼續砍政府預算，減公務員工資人數。

當然，香港最重要的是認識自己，弄清楚自己的各種能力，新的發展是要「附加」在現有資源和經驗上的，要「趁勢」，要「紮堆」，要「透孔」給多點人參與，我稱之為「香港作為方法」。

這裡，政府除了改善基建、教育和促進交流外沒有太大的參與空間，首應做一件事：減稅，給願意做製造業者一點稅務優惠，以誘創業者回來香港，這做法象徵意義比較大，給大家一個明確的資訊：香港政府的優先次序和作風已調整了。在減稅這點我相信連香港的富里曼追隨者也不會反對。

還有，現在空置的廠房和寫字樓，讓他們的價格跌到最後，並繼續提供工業用地，以誘中小企業和工作坊進場，因爲當初就是政府促成的高房價把它們扼殺的。廠房寫字樓不同住宅，不傷及中產階級，政府想都不應想去救市，這才是積極不干預。

當然，政府應該用公權反壟斷，爲中小企業除障，甚至引導本地企業爲內部市場生產中價值的進口替代，讓本土經濟也不但開動，且能走向中價值、中就業。

城市本身是品牌，要有良好的營商、旅遊和居住的軟硬條件，要人家讚賞自已滿意。在全球化狀態下，城市品牌的經營可以創匯、可以提升城市的綜合競爭力，其中少不了世界性品味文化和精緻生活帶來的中價值內需。

我們不要那麼失敗主義地說要保障就業，只能一元是高價值低就業的，一元是低價值高就業的。在兩極之外，應有更多層次，而作爲政府的政策願景，更宜奮力造就中價值中就業，或用我同代的經濟學家曾澍基、陳文鴻的說法：是「優化的低價值高就業」。

如果香港沒有新就業機會，有的也只是些很低價值的工作，這樣的把部分人排拒在下的社會將是令人沮喪的。我這代很多人已上岸，可是在我們退場前是不是也應替下一代鋪好路，總不該留下一個大多數人是低價就業的雞肋城市給下一代。

要做出中價值，很關鍵的一點，也是我這代主流所忽略的，就是文化和價值觀上，我們也要從邊緣反撲主流。

以後人家需要的不是那些價低的產品，而是要創意、要想法、要服務、要彈性、要科技和文化內涵、要滿足利基需求。

香港本身並不是沒有這類文化、學術、技術和社會資源，無論是精雅的、通俗的、科技的、工藝的還是另類的，香港全光譜都有，現都在邊緣。不夠的話，作為開放社會，我們現有的人才知道如何引進更多外面的人才。現在要做的是讓這樣的文化技藝和價值觀走回到我們社會的中心來，不能單靠我這代人過去那種考試過關、做個不能近觀的道具、賺快錢的心態了。義大利工作坊裏做個傢具，要有資產性投資、技藝、審美品味，也要願花時間、有所追求。

我前陣子看過一篇大陸雜誌的人物訪談，那大陸人說他最近去過一次香港後對香港的印象完全改變了，他去了一家小小的冷門唱片店，在那裡，他把他一生所有想找的唱片都找到了。原來香港什麼都有，如果你真的去找的話，是什麼東西都找得到的。但同時，它們又都是小小的，處於社會的邊緣，而主流對文化學術一直少有理會，主流一九九〇年代都在忙地產。

如果中價值中就業的產業是香港的出路，最終還得回到香港人的教育，建構較豐滿的文化價值——但不要以我這代的主流為榜樣。

（二〇〇四年）

# 香港城市美學

## 1. 混雜是美的：香港文化發展的附加法

我認爲，香港整個文化發展應該要用「附加」（add-on）的方法。

以城市建設爲例：

從西環到銅鑼灣，這一帶，如果我們用「附加」的眼光去看，它裡面已經有最時髦的東西，有最商業的東西，民居、商店、寫字樓、小工場、休閒娛樂區混雜在一起，裡面有中有西，反映不同歷史時期不同源流，有高雅的、有傳統的、有流行的、有波希米亞的、有殖民地遺留下來的、有中原的、有嶺南的、有現代的、有後現代的、有社區的，還有很民俗的，比如避風塘、大笪地，這些都是我們寶貴的資源、遺產，如果我們把這些不同的特色都做得很深很細，把它們都突顯出來，然後再巧妙地附加新的東西的話，這已經很精彩的一帶就會變得更精彩，世上無雙了。

像我這樣在這裡長大的人，從海港看這一帶，都覺得震撼，屢看不厭。如果我們在這一帶精耕細作，把一切該保留的東西保留好，把一切該擴大的東西擴大，再附加些非常超現代甚至超現實的東西，讓它更複雜、多元，馬上就能讓所有人感受到，香港是驚人的精彩。

現在我們的重點不應是拆房子以新代舊，而是留舊加新。

可是香港政府總是要在什麼地方塡一塊地另外開闢一個什麼中心，這樣做是沒有意思的，因爲沒有文化底蘊。相反，我們應該在那些有文化底氣的舊區，把原有東西發揚出來，就地包裝，像北港島以至尖沙咀、旺角、九龍城，可以一路做過去，這樣就能比較快地轉移香港人的視角，不再從地產單一維度來考慮所有事情了，還能把我們城市本來複雜的、擁擠的、曖昧的、不協調的、半唐番的、匪夷所思的組合很具體地強力呈現出來，當然我們也不排除新興的東西進來，這樣一來香港這個超複雜城市的旅遊價值也會提升。

複雜不協調甚至魔幻荒誕是可以好看的，是可以吸引人的，密集複混才是香港市容的既有優勢。

我們要珍惜所有——我強調「所有」兩字——既存的建築，哪怕在時人眼中被認爲是普通的甚至是土氣是難看的建築，不要太急下價值判斷，因爲所有這些建築就是我們某一段的歷史，是我們的文化累積，更是我們的社區、記憶所繫。

班雅明（Walter Benjamin）說，我們要從壞的新事物開始。或說，歷史不能從頭來，所有的努力是對既有的現實的附加。

附加的同時難免要有選擇地清除，但重點是在保存現有的基礎上而附加，只作必要的清除以配合附加，而不是先清拆光，從頭再建。

我去看過上海和台北，很羨慕它們保留下來的東西很多，上海思南路把幾十棟洋房和大樹都保護下來沒有動過，而這一切我們香港是太晚了，整塊的風格完整性是沒了。

我們的獨特風格正是不配套的複混，最大資源就是這個混雜曖昧擁擠的既存空間，許多東西高密度重疊在一起，超複雜，卻有暗序，這才是我們的特色、迷人之處。就像爲什麼日本人跑到香港來點名要看那個重慶大廈，那麼亂的地方，但看了很過癮，因爲是獨特的香港製造的空間。我們的出路是令城市更複雜化、差異化，因此更過癮，更吸引世人眼光。

政府官僚就喜歡整塊地方重新規劃，這樣好像才能體現他們的政績似的，他們覺得把原有的東西重新改造得很輝煌，卻還是不怎麼樣。

SOHO到蘭桂坊一帶，政府主要做了條自動電梯和一些路面，其餘都是民間自發搞出來，卻把它弄得有人氣，成景點，這可以給我們一個啓發，從西環到銅鑼灣以至整個特區都可以這樣搞。

超複雜城市的附加法有三個要點：

一是趁勢，建築在現有的現實上並加以發揮，哪裡有潛力就把注碼押在那裡，不要從零開始。

二是成堆，物以類聚產生規模和效果，譬如：把中環大會堂高的一座全變成國際書城；低的一座交給香港話劇團和中樂團交響樂團做長期演出場所，讓遊客可預期來看；往東添馬一帶建電影博物館、流行樂博物館、漫畫館和創意設計館，表揚本土創意；沿海邊讓畫家擺地攤，連起演藝學院和藝術中心，成行成市，那一線就有規模景觀的效應。並且因爲是在市中心，才能最有效地改變香港人的自我理解，清楚地給出一個強烈資訊，讓全世界對香港的文化想像更聚焦、更豐富。

三是透孔，或叫分攤，不要政府或地產商全規劃，只作引導，透孔讓民間資源自動從各個方位滲透進來，那麼力量就大了。

如果在大會堂高座這樣的中心地，通過有效利用政府資源，降低租金，開出一群非常大規模的優質書店，這本身就是個很好的象徵了，可移風易俗，香港整個人文氣氛就會上升，像誠品書店在台北那樣一家書店提升一個城市的形象。到時誰還會笨到說香港沒文化？把大陸書、香港書、台灣書以及外文書都集中到一起，成自由行旅遊焦點，這樣大陸人來就可以看台灣書，台灣人可以看大陸書，各取所需，肯定旺丁旺財。

## 2. 擁擠是我們的特色：再擁擠也只能在城裡

擁擠，是所有大城市的基本狀況，更是很大部分人類在地球上逃不掉的共同命運。既逃不掉，就要學會如何處理擁擠，善用擁擠空間。

香港這麼擁擠，竟沒有大亂，我們一定是做對了些什麼。或許我們有些方法可以爲世人師。

張智強是香港最受國際注意的建築師，而最多報導的是他住的地方：在港島某普通街道某普通大廈的其中一個普通三百三十平方呎單位。以前張智強還與父母和三個妹妹同住，一度並曾分租——都是我們熟悉的情況。然後父母妹妹搬走，張智強一個人住三百三十平方呎，在香港算中等。他開始拆牆，玩移動間隔和傢俱，竟可組合成三類生活空間，包括一個超大螢幕的家庭影院，容八人看電影。然後——然後是國際掌聲，被認爲代表擁擠香港的特殊性，並爲小戶型如何變大空間的普遍問題作了示範。張智強現在的作品都以香港作爲方法，靈感來源包括後巷、籠屋、點心蒸籠。

香港人一生都在處理擁擠。我曾跟父母和姊姊住唐樓的中房，房東一家住向街較大的房間，另有租客在最小尾房，像電影《花樣年華》。那時人小，不覺擁擠，現在看，一房怎可能住四個人？那房間恐怕放我現在的衣服和書都不夠（張曼玉住這樣的房間，如何變出這麼多像樣的旗袍？）

後來稍富裕了，屢搬稍大的單位後，父母轉而自置一千平方呎，三房二廳，那時候是一家九口，加上女傭，一度還租出尾房。這叫有恆產的中產階級了。香港中產再富，那住房仍是寸土必計算，惘惘然有揮之不去的擁擠意識。

一九八〇、九〇年代出現的移民加澳熱潮，除政治原因外，也因為是受到那邊空間的吸引，香港中產在那邊亞市區可住進有花園的獨立洋房——較不那麼擁擠的空間。香港是市區，加澳是香港的亞市區，如現在北京有錢人要遷住郊區有圍牆、有警衛的別墅，都是為了逃避擁擠、爭取較大空間而付出代價。

柏蘭芝（台大城鄉所、柏克萊，現任教北大）曾撰文指出，北京這樣城市發展「郊區」低密度住宅的問題：

> 高增長的中國將沿著（幻想中的）美國的道路前進……在新鎮或衛星城的建立過程中，就業機會的分散始終不及於居住的分散，而道路建設的速度又不

及私人汽車增長的速度，如此延伸的是通勤距離的拉長，城市向郊區無邊無際地蔓延。低密度的郊區化發展鯨吞蠶食了都會區周邊的青山綠水以及肥沃的農田——想像一下今日江南的陷落可以作爲對比。

發展亞市區（大陸媒體一般誤稱之爲郊區）或另建衛星城，除非能和在地就業配套，否則本身會出現問題。

不是每個人可以有能力逃離市區，而發展中國家大城市的亞市區，更難免出現如柏蘭芝說的「原本以爲『郊區化』意味著花園洋房，汽車代步，但在郊區基礎設施落後，發展定位不明確的情況下，置業郊區倒成了與城郊區合部流動人口和貧民窟爲鄰的尷尬局面……」。

中國以至全世界更多人口要轉爲城市人口，對大多數人來說除擁擠城市外別無選擇。在北京的一次討論張智強作品的研討會上，著名建築師張永和和清華建築學院的周榕都憶述了北京雖大，居屋從建國以來一直擁擠，因此，張智強把小空間玩得精彩，有普遍的啓發示範作用。

我一向主張文化人要爲了創建城市文化，而守在市區，面對擁擠。在擁擠處理上，香港應有點經驗累積，可供全世界參照——香港本身就是方法。

## 3.香港還需要新的地標嗎？普通建築才是主菜

香港還需要新的地標嗎？

如果有無限資源，那也無妨多搞些有性格的標誌性「署名」建築物。像香港這樣已經是超複雜的城市，我們的審美必然是「多就是多」（more is more）。

不過這事情不急，我們已經擁有超越一般城市的地標了。維港、兩岸的密集不協調建築群、太平山等，早就把香港放進世界十大奇觀城市之列。

最近很多城市羨慕古根漢博物館的畢爾包（Bilbao）效應，或主題休閒對奧蘭度（Orlando，美國佛州迪士尼樂園所在，二〇〇四年全球最多人去的主題公園）知名度的提升。但香港不是台中市或深圳澳門，任何單一維度的地標建設只是錦上添花而不是起死回生。

不管是香港這類幸運的特色城市，或是庫哈斯（Rem Koohas）所說的普通（generic）城市，更重要的是大多數當地人生活在其中的大多數建築。沒有錯，就是所謂「普通」建築。

有地標建築，就有地標以外的大多數建築：普通建築。或轉用文圖裏的比喻，有了拉斯維加斯，就表示有更多社區的「大街」（main street）。理想城市是兩者都要。

而其中，普通建築才是一個城市的主菜。那是人民老百姓的生活世界、是社區、是工作和休閒的安心立命的場域。用一個流行但不太準確的說法：那是一個城市的軟件。要遊客願意在香港待超過三天兩夜，一再回訪，不能光靠地標。

更何況一個爲人民的政府，首先應把大部分資源用來改善人民生活素質、提升人民的生活尊嚴——在普通社區的普通建築裡。

這是軟件升級、社區精耕、公民參與，也就是上文所說的附加法。

台北的優質生活、社區營運，主要是在該城不起眼的普通建築裏。

人們重訪北京、上海，甚至住一段時間，並不是把它們當作旅遊景點看待。

香港的魅力，是要看複雜擁擠市區的複雜擁擠「普通建築」裡，能創建提供些什麼。

（二〇〇四年）

# 移動的邊界

香港的問題不大，相對而言。

相對的不止是問題挺大的某些中東地區或撒哈拉非洲，也包括俄羅斯和美國、印度和中國大陸地區和台灣地區，以至同樣被認爲是問題不大的日本、西歐、加澳紐和新加坡。

香港的情況放在世界上任何地區、國家或大城市都應算還好。

香港問題不大，是全球化、中國、殖民地和特區自己的造化。

但相對不大的問題，就香港的管治來說卻是不好解決的課題，癥結在全球化、中國、殖民地和特區自己的造作。

香港是紐約倫敦同類的金融中心，在中國的唯一競爭者上海跟香港還有很大距離（原因很多，包括人民幣不是國際貨幣、上海股市是東亞病夫、銀行和金融實權的中心其實是北京等）。

另外，香港像紐約倫敦一樣有商貿服務業、消費旅遊業和創意產業（二〇〇四年倫敦創意產業佔總就業人口一四%，香港二〇〇二年數字是五．三%，容或兩者計算基礎不盡相同，後者應還有很大發展空間）。

上海有商貿有腹地，有製造業和製造服務業。許多名城只要靠著製造業和製造服務業腹地就可以活得不錯，像三藩市（矽谷）、台北（北台灣）。

當新加坡政策性地要求製造業佔國民生產一定比重的時候，香港工業空洞化了，卻視珠三角為腹地，自演「前店」角色，只是香港現在必須承認珠三角也是其他區內城市的腹地，大家都要分一杯羹，尤其廣州是一定會拚的，因為它要靠這塊來崛起。

香港如紐約柏林，淡出了製造業，未能學倫敦、巴黎、東京、新加坡這樣持續發展高科技生產業。

不過，就算把製造業和製造服務業放在一邊，香港的條件（金融＋商貿服務＋消費旅遊＋創意產業），世界上只有少數城市能及。

可是這種沒有製造業的「金融＋」的「全球城市」有一個危險傾向，就是市民收入兩極化。結構性的失業、就業不足或大量就業者實際收入降低——這就是香港現況，現在的貧富差距堅尼係數高於〇．五二，名列世界前茅。

紐約倫敦有一點是香港現在做不到的：前兩者在人口自由流動的民族國家內，有人搬出去，有人搬進來。

可是香港有人爲的邊界，同一國的人想來定居卻不容易來，港人也很難住到鄰城去，我們這個「類城邦」全球城市變了悶燒鍋，而全球化就像慢火煲靚湯，誰都想喝上一碗，沒人覺得自己是鍋裡的湯渣。

或許，香港問題不好解決，是因爲我們太多「邊界」。

一、行政區域的邊界：百年殖民政府要到了一九五〇年方設置邊界管制，然後到一九八〇年才終止抵壘政策（之前大致是只要能進入香港，就可以留下）。現在，應該讓鐘擺回到邊界的鬆綁。

二、身分的邊界：在一國兩制的巧安排下，回歸後我再沒有碰到過任何華裔香港人不承認自己是中國人。與台灣相反，香港的國族認同是越來越穩固的。不矛盾的是，正如大陸人一樣，地方有地方的身分。如果你在北京，問對方是哪裡人？人家會說河南人、山東人、天津人、北京人，不會有人擰著說：我是中國人。我們是可以爲自己的港人身分而有榮譽感的。

然而，身分認同就是建構邊界，玩特殊，搞本地，分我他，既可塑造歸屬感和社群價值，亦潛伏著自閉和排斥、妄念和恐懼。

三、政治想像的邊界——貧富懸殊社會的政治分歧，將追著階層之間的斷裂線而出現，當權派若因此更懼怕民主，抓權不放抗拒普選，由小撮人選出行政長官，結果將是扼殺中間理性的聲音，導致負責任的管治階層難產，政府自主性旁落，行政立法因權力來源的基礎不同只有互軋沒有協作，代表廣泛利益的大政黨制度無法建立，社會因而分裂對立，陷入裙帶甚至流氓資本主義的局。

害怕也沒有用，香港的政治年代已到，行政不只主導不了政治，甚至整合不了管治，壓制民主不利香港穩定、管治和發展。

我們現在談的並不是國族層面的身分認同政治，而是城市層面的管治政治。香港進一步民主化不是爲了處理國族問題（因爲問題不大），而是爲了城市的有效管治和良性發展——我們只是想選個市長而已。

在香港政治用語裡，我應算是民主親中。

四、經濟想像的邊界：一九七〇年代香港發展戰略是北進的，就是在新界建設高人口密度工業新市鎮，但一九八四年「中英聯合聲明附件三」協定殖民地政府每年批售土地不得超過五十公頃（一九八一年還在售地二百一十六公頃），政府開發重點由偏遠新市鎮急轉彎回到原市區，因爲地價的巨大差異，關係到售地收入，故特別著重在高售價的市中心海傍塡海，並積極拆原市區來重建，海港兩岸舊區面目全非而房價飛漲，香港由工業城市轉向金融「世界城市」。

香港人的主流經濟觀遂成形：有了金融不需要工業，政府積極不干預，然後更簡化為政府少做事經濟自然好的「民間智慧」——生意人的民粹主義，而很多香港人都有生意人心態。最沒道理的，是誤以為地產的利益就是香港的利益。

（房產升價只表示居民要付出更多錢才能得到這個生活必需品，並不是一種提升生產力的投入，地產沒有令香港增值，只是在降低香港的競爭力和誘導了資本錯置，地產商對香港的貢獻並不比其他商界高。）

可見，除行政區域的人為邊界外，香港還有許多扭擰的邊界思維，人為造作被看作不可改變，面對現實反被當作不切實際，難怪香港管治會走入怪圈。

現在我們試移動一下邊界，跳到框框外推研，看看會有什麼驚心動魄的風景：

一、香港九龍塘站與深圳之間設磁浮高速鐵路，把車程壓縮成十分鐘，香港與深圳撤邊界，兩市居民自由往來不用過關，大量香港市民遷居深圳，香港用上深圳的高科技基礎和製造業（連動著珠三角東部），深圳終於找到該市的唯一出路：與香港一體化。（本來大部分香港人對深圳部分地區的認識已經超過荃灣。）

保留意見：深圳的壞人都會來香港。深圳的住戶業主與發展商、管理公司的糾紛，無日無之。深圳每年工傷致殘的工友，驚人的多。這裡眞的要罵一下深圳共產黨和市政府，你們有想過要爲人民服務嗎？另外，港人遷居深圳，香港房價會跌——經濟邊界思維又來了。

二、有人去，有人來，歡迎大陸人來香港居留。是，不像以前，現在絕大部分負擔得起香港生活的大陸人恐怕已經不想來了，可是我們受到一個現象的鼓舞：近年香港的大學裡，多了一些優秀的大陸本科生，成績是可以進國內重點大學的，卻選擇來港，可見香港對少數優秀人才仍有吸引力，而大陸的極小數就夠香港受用了。這方面香港要向澳門學習：香港連在吸引大陸投資移民一事也遠不如澳門做得好。（這裡不用多說的是應盡量方便香港人的大陸直系親屬來港家庭團聚，如果他們／她們願意來的話。）

三、再說廣州：接受一個現實，香港不再是珠三角唯一的前店，聯邦快遞選擇以廣州而不是香港爲亞洲總部是有道理的，大廣州本身的製造業優勢（含汽車製造等科技工業）早已超過香港。廣州也要明白，香港不是省油的燈，在許多方面將持續地區龍頭地位，並已建好巨多基建，不會一點都搶不到物流生意，必要時也可以打價格爛戰兩敗俱傷。塵埃落定後，港穗將領悟到，對著珠三角這塊共同腹地，通吃不如分贓，承認對方的存在，大家高增值合作，一是協同讓珠三角產業升級，並轉移基礎和勞力密集產業到鄰接省份（較富裕的港穗以此幫助內地發展）；二是逆向提供融資物流等服務，把長江流域和西南地區吸引過來，叫它們選用廣州和香港進出，南向代替東向，截上海的糊——在以後的區域與區域之間的競爭，長三角才是珠三角的可敬對手。

自由行和暫時效果不突顯的更緊密經貿關係安排，皆屬替邊界鬆綁的長期趨勢中的一步，港人固然可以著眼全國，各找利基切入點，譬如一些有特殊專業技術的人士選擇去上海北京發展，不過，對大部分有心創業的人和中小企業來說，是否有必要捨近取遠？

廣東加上港澳的人口，等於四個台灣，超過英國、法國或德國，是一個說廣東話和愛港式嶺南文化、極有潛力一體化的市場，本身已值得精鋤細作，何況後面是大陸市場。

以我熟悉的創意產業爲例：

紐約廣告業服務全美國，香港只做香港，規模不可能大。大陸市場龍頭是上海北京，廣州第三，香港廣告人只是在京滬打工，而不是把生意接到香港。

廣州香港廣告業若結合，應可奪得全國市場較大的一份餅。

廣東製衣業世界矚目，已可以替客人出紙樣，以後在生產鏈上有機會更上層樓。

廣州報刊在全國表現出色。

廣東有最多境外電視台合法落地，電視文化自成一國。

廣州是全國錄像錄音產品流通中心，很多較具規模的盜版轉正行的民營發行公司都在廣州。可是，它的影視音樂的上游創作製作都不行。廣州沒好製作，香港沒大陸渠道，兩者的互補還不明顯。

只有扣緊廣東以至大陸市場，香港的創意產業才能發揮它應有的潛力，終有一天做出倫敦、紐約的規模。

所以香港與廣州之間應一步到位，選用最快的地面集體運輸系統，即磁浮高速鐵路，時速四百公里以上，壓縮現在的一小時半直通車程至三十分鐘之內。

港穗成世界級都會區域，如東京—橫濱—名古屋、大阪—神戶—京都、阿姆斯特丹—鹿特丹、米蘭—圖林—熱那亞、波士頓—紐約—費城、法蘭克福—萊茵河區、大巴黎—身分鮮明的香港中國人除了一貫是堅定的世界主義者外，也同時自我定位為大珠三角區域主義者，創新地繼承五十多年以前的省港澳一家、輻射至華南和東南亞的大格局。

屆時，港穗雙贏，時尚港人如廣告人、平面設計師、服裝設計師、電影電視音樂人可能家在廣州，不是開玩笑。

當然，因為種種邊界障礙，上述一切不一定發生。

同樣是空間的隱喻，在香港本位的「往何處去」和「邊度都唔使去」之外，二〇〇五年不妨試試去移動一些邊界。

（二〇〇五年）

n Station 臺北車站
4 719606 000609
大安森林公園
信義區 110
大安區 106
eslite

# 台北·中繼

【輯二】

最近五年我住在北京，常有人問我最喜歡哪個華人城市，問的人以為我會說北京、上海或香港，我總說，以居住來說，台北最好。

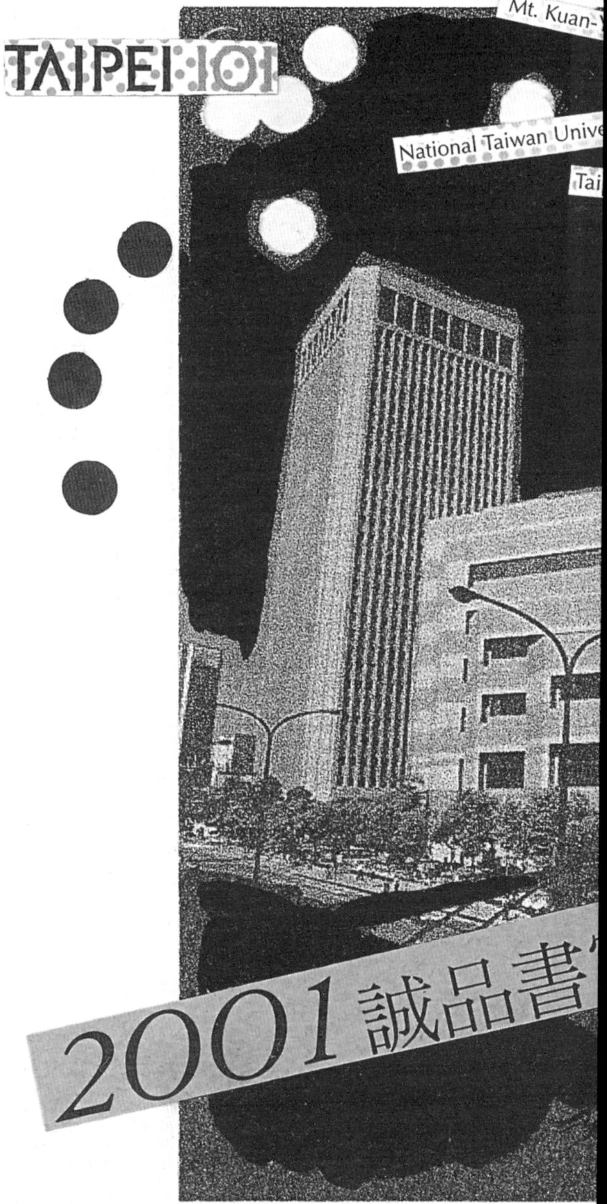

# 台北嬉譜

## 一

既然住在台北，我常試圖說服香港朋友，台北其實滿有趣，我可以列出許多好玩的地方，足夠三日兩夜遊，唯一每次說到嘴邊但吐不出口的是：台北很「嬉」（hip）。眞的，我是有點猶疑，好像沒人會把台北跟嬉聯想在一起。

黃碧端在〈期待一個城市〉裏，捧台北是中國人的城市中，唯一兼有香港的國際經驗，北京的歷史文物，上海的繁華記憶，而且不曾間斷，不曾被絕對的強權所否定，不曾湮蓋國族意識。台北的質感大概不容置疑，台北就如倫敦之於英國，巴黎之於法國，集政經文化於一地，資源豐裕，萬國來朝，留學歸國的俊彥舉目皆是，報刊電視電台每天挖歐風美雨時尚潮流，同時社會上卻還有實質的保守性，對年輕人升學就業戀愛的規範性很強，這樣肥沃的土地，不出現一股嬉的力量，眞是沒道理。

不是說嬉是什麼好東西，好壞這類道德判斷派不上用場，不過一個像樣的國際都會，沒有嬉的一面，最了不起不過是像新加坡罷了，一個middlebrow中品平庸文化的地方。台北起碼應在文化創造這方面，超越新加坡吧。

我最近更相信台北（甚至我不熟悉的台北之外）是一定會嬉的。我們永遠的陳文茜，凡是她的一切，都帶有嬉的魅力，我懷疑她的局限是她可能做不出任何不嬉的事情。（並無諷刺，我認爲李昂以前也很嬉。）是否因爲太多人不願受規範，越軌變成吾國國民集體行爲，各施各法，所以嬉變得不稀奇了，也就嬉不起來了？

## 二

我趕著寫這篇文章是爲了湊熱鬧，因爲搞潮流的事就是要湊熱鬧。台北的現代藝術協進會（SOCA）的「現場」開張了，並舉辦了一系列講座，共十六講之多，談「波希米亞精神」，講者都是一時之選，介紹上說：「波希米亞精神是一種追求自由，遊移不斷，對體制制約抗衡的一種精神，常常用此比喻藝術的前衛精神，在不斷地遊移與變易之間找到身分的認同。」講者之一的南方朔這樣說波希米亞：「失根、落拓，對布爾喬亞不滿，又無文化特權的文藝知識份子，當他們大量進入都市，並以特定地區或特定聚眾場所爲集散地，一個波希米亞社區即告形成。」

波希米亞和前衛原爲歐陸的現象，那裏才有經典的大小布爾喬亞階級——往往是指一些小商店主和他們代表的心態——但文藝上的前衛不等同政治上的左翼，歐陸經驗裏後者的文藝觀往往是後衛的，像布萊希特這樣的人是例外。

在英國，玩世不恭的唯美子弟「單屌」（dandy）則不介意加入上流社會，王爾德所說的只有進不了（上流）社會的人才會批評（上流）社會。「單屌」不屑的是主流社會的價値觀，包括清教徒道德。至於威廉．默里斯等提倡的「工藝運動」，發掘本土手工藝之創造力，對抗的物件變成工業化裏的粗劣產品。莫里斯等雖爲社會主義者，但他們的工藝藝術卻成本昂貴，實非普羅大眾可以負擔。二十世紀三〇年代的「不倫斯不里」（bloomsbury）則較接近波希米亞，代表人物之一小說家維吉妮亞．吳爾芙曾撰文問不屑moddlebrow的中品文化，搬到台灣的話大概會包括一些文藝基金會主辦的讀書會和活動，或李祖原的設計。

這類文藝姿勢都是針對性的，不斷變動的，故此不容易界定或列出清單。嬉完全是美國的現象，二次大戰前有所謂hep，形容尚未成主流文化的黑人爵士樂人的邊緣性態度、身體語言、衣著和生活，限於上曼哈頓和南芝加哥。從跳舞bebop年代開始，hep變了hip，而且用在白人身上，特別當五〇年代末垮掉的一代出現後，hip成爲媒體用語和年輕人都會用的字。在美國，連藍領都自稱中產階級，五〇年代是艾森豪年代，中產階級樂觀而自信，主流價值鞏固，嬉就對主流作出偏離。可以說，上述的美藝姿勢，共通點是對主流型態的不認同，一種拒絕依從（non-conforming）的態度。

美國的另類文摘月刊 *Utne* 去年曾選登了 Malcolm Cowley 一九三四年寫當時格林威治村波希米亞文化的文章，他列了八點特徵：（一）希望在下一代：我們與生俱來的潛力被規範化的社會扼殺，只有用新教育方法令下一代發展更完善世界才有救；（二）自我表達：人生以表達自己，創造美好事物爲目的；（三）異教主義：身體如神殿，並無不淨，以愛沐之；（四）爲當下而活：爲未來而活是不智的，掌握現在；（五）自由：清教道德，以至一些法律、風俗、藝術成見，扼殺了創作和個人表達；（六）男女平權：經濟上、道德上、男女無異，女的也可找愛人或趕走愛人；（七）心理調整：因爲受壓抑，要調整（當時流行弗洛依德式心理分析）；（八）換地方：擺脫枷鎖、自由自在，最好去別的國度，如巴黎或南法國。

自我表達（發揮自己潛力）和不依從社會主流道德觀、價值觀、人生觀或世界觀——以上兩點大概貫穿整個嬉譜。但每一代要找自己的表現方法，三〇年代移居紐約格林威治是搞前衛，到垮掉一代則是流浪，凱魯亞克（Jack Kerouac）發動垮掉文化的是《旅途上》（*On the Road*）一書，同時要談一點禪佛或存在主義，聽加拿大隱士鋼琴家 Glenn

Gould，買一張英國心靈解放藝術家William Blake的複製畫。

到了「嬉皮」這一代，也有很強的田園傾向，離開上班族的既有制度，組公社、自由性愛、嗑迷幻藥品，代表電影《逍遙騎士》（*Easy Rider*, 1969）正是「公路電影」。

到了今天，嬉已有五十年以上歷史，包括一些二線的北美城市都會有一些嬉區，如西雅圖的Capitol Hill，或多倫多的College & Clinton，熱點好像回到城市，嬉是許多廣告和娛樂追求的感覺，由大學生至雅痞都喜歡人家認爲他／她很嬉。據說，現在北美要裝嬉，要有豐富的說話題材，由法斯賓德和吳宇森電影到客家菜不同於潮洲菜。

## 三

從今人的口述歷史裏，我感覺台灣文藝界認爲「當年」很嬉，可能當年是威權年代，人人依從主流，比較容易搞偏離；而今天文藝界枱面上的人，很多當年都是穿一條褲子。今天只要一提起「明星咖啡屋」與周夢蝶、五月東方、林懷民成立雲門舞集授舞、紫藤廬，甚至事件性的業餘演出如《五陵人》或《荷珠新配》，皆可以串起很多人物。政治上的左派，一般持有保守的文藝觀，然而當時一些刊物如《夏潮》也曾與現代藝術接近過，因爲大家都面對同樣的保守力量。當年，亦即由國民政府遷台直到解嚴，主題是反傳統和追求「現代化」，雖不曾用「嬉」之名，但卻是很自覺的嬉，人數不多，卻較今天更有「社群」感。至於，流放或流浪主題的嬉，則體現在於梨華、白先勇和三毛的文字。

大概是近年自由領域無限擴充，大家一時之間弄不清楚什麼是嬉，什麼是胡來。外國東西湧進，本地的自行詮釋同時爆發，要對抗的對象模糊了，自然嬉不起來。這裏我提出近十年台灣嬉譜的四層寶塔：

一、開放：這個時候廣告被認爲帶領潮流，所呈現的影像比現實更炫，所創的口號挑逗大眾某些情懷，從烏龍茶到音樂電視台到房地產廣告，都好像比大眾走前半步，而「流行」也被誤認爲是嬉，而所有嬉的感覺也會被廣告用來潮流化。

二、尋根：威權社會不敢坦然面對歷史，解嚴也引爆尋根的狂飆，族群身分的重建，蒐羅眞正的大我小我，回到「路上」，對過去作深度旅遊，譜出失樂園、新樂園、原鄉和新家鄉，不少有志人士以此爲嬉，典例是漢聲和侯孝賢。

三、脫俗：開放一陣子後，新東西和舶來品不太稀奇了，金錢堆出來的炫耀並沒什麼了不起，潮流過分大眾化也沒有神祕感，這時候有人用另類的炫耀策略，標榜品味，對抗俗氣，台灣現階段的類似嬉的文化，以此類「脫俗」爲主，任何帶「設計」兩字都比較嬉，其中的首席名人是室內設計師，每一個嬉人類最近都找嬉設計師把居家重新設計。

台灣有錢而俗氣的東西固然很多，但光站在品味立場並不足構成嬉文化。嬉有時候是壞品味的，是開玩笑、放縱、放棄或camp的。如果只顧好品味，你大不了演變成某些有錢第二代和他們的太太們的樣子，離嬉甚遠。

四、自爲：經過開放、尋根、脫俗，大概會有一小撮不甘寂寞的人，自覺地分離出來成爲嬉士，或波希米亞人，或單屌，以區別於雅痞、暴發戶、必勝客、成功人士、有錢第二代……，雖然愈來愈多雅痞和有錢第二代也想人家說他／她很嬉。

千禧年的台灣嬉，並不排斥物質（這點像單屌，不像嬉皮），只是尋求的是另一類的物質型態。

嬉的餐館、酒肆和咖啡館陸續出現，當然顧客並不見得都很嬉。紅酒很可惜已變成暴發潮流，在酒國台灣，Malt威士忌或瑞典／俄羅斯伏特加皆很快失去了嬉的形象。私房菜仍有點力，嬉的西餐館則還沒有起步（以三藩市的標準）。以餐館、酒肆和咖啡館組成的嬉地區，尚未受確認，永康街、台大附近和東區某些巷弄，有一點味，皆未成氣候，台北若要成爲世界地圖上的嬉城，必須營造一兩個嬉密集的地區，像香港的蘭桂坊。

台北不是沒有類似嬉的硬體，如誠品、重慶南路、國家兩廳院、北藝館，以至華納／學者／長春／眞善美影院，可惜分散，沒有從點到線到面的聯繫。

嬉到了自爲的境界是靠軟體的，台灣的軟體也很有條件。伊通／SOCA、各表演團體、大型唱片店、畫廊、設計公司、髮型師，各有捧場客。流行音樂也有嬉的一端，如魔岩唱片就是，以前引進黑豹唐朝艾敬，還是小眾，後來是伍佰以至金門王（不錯，鄉土也可以嬉），嬉的姿勢一不小心變流行。電影在十年前很嬉，現在很稀薄，且看輔導金的派錢者是否有眼光，如當年的德國的輔導金催生出法斯賓德、荷索和溫德斯。（在中文電影裏，台灣之於香港，是否如英國之於好萊塢？）

同性戀，或與同性戀者交朋友，還可以很嬉，不過要看那同性戀者的水平。女人單身生子現在是嬉。西化不一定表示嬉，交一個洋人做男／女朋友倒還有趣。

ICRT曾經是本地的嬉，飛碟很生動，台北之音也努力過，加上有線電視的音樂台／音樂娛樂節目，皆可以是嬉的大眾版，但電台如電視，在流行與嬉之間，毫不猶豫地選前者。

「心靈追求」是美式的嬉，但台灣心靈活動不太有嬉味。美式心靈派求平靜，我們求好處，乃非常不嬉的動機，而且宗教事業在台太蓬勃了，離嬉日遠。

嬉是風格，離不開服裝，波希米亞的披披搭搭，張愛玲的任何衣服，單屌的絲絨，西雅圖的Grunge，各領風騷。倫敦近年又成爲嬉的聖地，當地時裝界功不可沒。台灣時裝設計師應不讓室內設計師專美，然而，是先有嬉時裝才有嬉文化，還是有了廣大的嬉勢力才有嬉服？

其實，今天的嬉有四大重鎮：時裝（包括造型、髮型、化妝）、餐館咖啡館、電影音樂廣告，和視覺表演藝術，是並駕齊驅。

但，爲什麼獨漏了文字媒體？小說和詩曾是台灣嬉之母，張大春前幾年仍是嬉，但近年文學把中心的位置讓了出來，排行榜充斥著不費力氣的「人生智慧」短文集，指導人生如何軟著陸，或出人頭地，缺乏了嬉所需要的硬現實、反諷、艱澀和灰色，文字界不酷。就算再引進多些名牌外國雜誌，也不過讓化妝品多點曝光，少女更像超模，就算再多幾份低價週刊，也只報導何麗玲——非嬉人類的典型。《破》、《島嶼邊緣》、《誠品閱讀》停刊，同志雜誌未起飛，皆只說明文字界的嬉在退潮。然而，不同於時裝，嬉的文學不需要先有嬉的讀者，只需要幾個堅定的嬉作者，當作者準備好，讀者大概也快出現了。沒有嬉的文學作品或其他文字表現，怎可能會有嬉的文化？

文化和性別研究只提供一些嬉的術語，要啓動一代人的嬉想像，還是要看敘事文學。

## 四

我曾說嬉不是什麼好東西、乖玩意。當嬉的文化成氣候的時候，那些自明比你我更嬉的人，態度肯定令人難受，而且因爲要比你我更嬉，愈演變愈稀奇古怪，爲越軌而越軌，爲偏離而偏離——我比你敢。

那個時候，嬉本身也會變成要別人依從的壓力，在嬉的圈子裏，你不敢做不嬉的事，甚至不能自自在在做人。僵化的嬉，是有陰暗面的，在美國還包括自殺和嗑藥吸草。

嬉與迷幻藥有長遠的共生歷史，嬉的動力是創造自我和創造新現實，擴充自己的意識領域，這和某些迷幻植物和藥品搭上，從加州的新時代運動份子到搖滾樂迷到cyber世界的科技嬉，往往以身做迷幻實驗，迷幻經驗就是虛擬現實（雖則高潮後帶來的失意），這方面可翻一下「先知」Timothy Leary的著作。鮮有波希米亞或嬉的文化裏面沒有迷幻一族。嬉，作爲標籤，可以是負面的。

## 五

縱使有萬般不是，一個沒有嬉意識的城市不可能在現代（後後現代）的文化地圖上佔有一席之地。沒有嬉文化的富裕社會是很難受的。

有人說最好的嬉是不自覺的，凱魯亞克成名後，幾乎寫不出好東西。但集體而言，嬉作爲自覺的次文化潮流是任何活著的文化生產城市不可缺少的養料，因爲嬉的另一共生產品是創作。南方朔說：「波希米亞社區是文學藝術創造性資本最集中之地。」一個社群出現了，才可能一起把感覺投射出來，給自己看到，給外人看到。

台北從事文化藝術的人夠多，也有社會地位，而台北還不是很嬉，在國際文化地圖上看不太到，大概是沒有形成嬉社群的緣故吧。

（一九九八年）

# 三城記：上海、香港、台北的流動盛宴

## 一

台北是被低估的城市；它不讓人一見鍾情；它的故事不好說；它不是隨便抓個隱喻就能打發掉的地方，因爲它指涉的物件太蕪雜；它是要來生活的，我住了六年才猛然看到。

現在上海人到了香港，當然不會表現的大驚小怪，不過我知道香港沒有讓他們太失望，還能懾住他們一陣子。只是，他們去到台北，簡直失落透了：這就是了嗎？我跟台北朋友說，不用傷心，任何的單一觀點或明信片想像，都不會懂得你們這個地方；何況，（二〇〇五年之前）台北眞的沒有一個可鳥瞰全市的單一「觀點」（現有了101），像香港的太平山頂，上海的外灘看浦東、金茂看浦西。陽明山看下來，矇黑一片。

爲了安慰台北人，我更說，上海人去到北京王府井，還以爲自己走錯了地方，怎麼這短短的一段就叫主要購物大街？

香港的故事比較好說，所以不管是上海人或台北人，都好像很懂香港。而且，這個故事似已說完，現在只是把結局重複訴述，以便後面才到香港的人，可以追溫一下。

如果台北是被誤讀，香港則是被抽讀。這樣，我們的故事才動聽，容易記住和轉述；香港很好用隱喻來概括，也可以供大家拿去做隱喻。知道太多、記得太多，不利隱喻運作。好故事就是要去掉蕪雜，是簡約、壓抑、遺忘。

如果人人都像香港作家也斯，記得當年在翻那一張報紙副刊時隨隨便便看到張愛玲初發表的文章，或五六十年代香港的文學雜誌選題如何跟世界同步之類的瑣事，那還得了，現在我們腦中的香港形象豈不要亂掉？還好我們把嗓音隔離、鼓勵斷代失憶，更重要的是拒絕累積，這樣，大家（包括香港人）才可以口齒伶俐地去說一個人人認同的香港故事，你我心目中的香港。大家都說我們講效率、重實利、沒文化。以經濟成就作爲最大後盾，我們自我感覺良好——直到最近。

## 二

最近我們被上海攪得有點怪，上海故事的新一章，還沒完成已先聲奪人。去了上海看一眼的港人，目瞪口呆，回來信誓旦旦：香港有的，上海都有；先知先覺已進滬的，更不遺餘力向留守的港胞推銷上海，往往補一句：再過幾年，上海一定趕過香港（台北更沒戲）。而此間媒介對上海的鍾愛，大概也僅次於年前寫網路時的亢奮，

港人在大陸人面前一向有優越感，最近謝了；只要提上海兩個字就可以叫我們謙虛一點。一向精神狀態特猛的港人有了上海情結。

但大陸的事，港人能懂多少？更何況是這麼特殊的上海？大部分港人談的是從虹橋機場到浦東機場之間的硬體上海，拌在舊上海的異味裏；暫時，這樣一頓想像的盛宴確是夠塡飽嗜新而不求甚解的港人（遺忘了舊上海與新一章之間的四十多年）。

今天的香港就是愛拉著上海相提並論，就像前陣子新加坡老是要跟香港較勁。

三

香港那一套，有點走到頭了。

幾大地產商，在淮海中路某一段，分別押下了他們在滬的座標，下面是類高檔的商場，上面是大多空置的寫字樓，像充斥在文章裏了無新意的套句，逼夾著不寬的淮海路。

跟淮海路其他地段不同，這段的商店門口不開向街道，而是要行人走進商場內，又因地產商而各自爲政，商場互不相通，規模不足；裏面的商品，類高級，重複性高，不少不知名的品牌，而就算是名牌，也沒有它們在國外甚至香港的完備展示，貨種實在抱

歉。結果，那段港式示範路人流驟降，恐難免出現低價驅逐高價的局面。眞不知道是上海人眼界高門檻精荷包緊，還是香港人仍活在回歸前的成功經驗裏沒醒，那段嶄新的路段變了過期產品而不自覺。

這種商品寫字樓套裝，在香港其實也走不通，尖沙咀東區的市場定位下移就是說明。大地產商和他們的經理人，一向是香港故事（或曰神話）的英雄，才令他們易陷入港式誤區：講效率、重實利、沒文化。一個不小心，太過計算，凡事「縮骨」取巧滲水，變了失算；太過功利，但求「過骨」取巧過關，變了失利，而缺乏人文思量是他們在新中國的死穴。

（當然，就算在所有歌頌香港地產商的故事裏，也從來沒有人說他們有品味。）

本文想說的是：我們的想像和行爲往往受限於我們自己認同的敘事。

換一個故事，另一家在香港排名不算高的地產商。在淮海路中南端，與市政府一起開關「新天地」，用的似是位階較高的想像。把石庫門舊房改成新派餐館，是蘭桂坊想像，稍比尖東模式有人文維度。較難得是發展商願意花錢先把舊房小心拔掉，抬高地基，在下面重鋪現代七通管子，平了後再把原房外殼重組在上。在看不到的地方花力氣，才眞的是非常「不香港」的行爲，有永續企圖，令我對港人的再教育抱有一點希望，說不定還能取悅上海人——遊客與外商除外，眞正的成功少不了當地人的參與。

## 四

如何豐富上海想像，建構令人嚮往的上海故事？

前面說過，光強調效率、實利這些技術思維，就只會到香港的位階，或更糟糕，變新加坡。

新加坡比香港更乾淨地營造出單一敘事。結果，連沒文化的香港雅痞經理人去了那邊工作沒多久就喊悶，吵著要回其實頗喧嘩的香港。新加坡最宜兩夜三天遊。

上海應有更大的雄心。

美國有說聰明而有雄心的人去紐約，不聰明但有雄心的去洛杉磯，聰明但沒有雄心的在三藩市（這是在矽谷新貴進佔該市之前）。在中國，或許有雄心的在北京，聰明的在廣州。

我相信上海人有雄心建設一個醒目而有效率的經濟城市，也夠聰明——不，是要有智慧——讓眾聲喧嘩來說明上海更是世界超級都會。期待海派再起。

## 五

巴黎曾是西方第一都，它的光輝怕不全是來自武功與財富。十九世紀，巴黎建了大馬路，打通了各相對封閉的區域，讓不同背景的人看到了對方，喚醒了意識的他者，也促生了像波特萊爾這樣的波希米亞次文化人，班雅明所說的閒遊人：他們完全是都會化的人種，不願意認同布爾喬亞，寧願隱身於小市民中，旨趣卻又不屬於小市民的，離不開商品，卻對之持批判。巴黎的魅力、花都的盛名，多少來自這等閒人，構成了空前絕色的巴黎想像。

閒人、文人、藝人、雅嬉痞、波波士（BOBOs），各種稀奇的次文化人，城市遊牧時代的南北東西京滬漂、烏世代和飄一代，讓其各有空間，接受他們成為大敘事的一部分，或因此解構了原來較狹的大敘事，才能顯示一個城市已近偉大。

然而，只有這樣的人成嗎？當然不。剛才說過閒遊人離不開布爾喬亞與小市民，故此只有閒遊人的城市定義上不可能。上述各類閒遊人等，可能密集在某區，但若整個城市只有他們，還能住嗎？話說回來，缺少閒遊人等的城市，值得停留多過兩夜三天嗎？

## 六

港台和浦西都是可以逛的（不像北京），其中，台北最宜閒遊，街道里弄有人味、人文味，以及咖啡味。台北最重要的閒遊點，是書店，特別是誠品在敦化南路年中無休的旗艦店。一家店，就可撐起整個閒遊空間，更不用說每一本書或許指涉萬千世界。有什麼比面積大、書種多（誠品的英文書挑得尤其精彩）的名副其實書城更能滿足閒遊人？

誠品書店在台北已不只是書店；是酷、是嬉。本來不近書的人也被帶動，也可感受到它的氛圍，而接觸書。書，目光焦點的所在，變成城中時尚。還有比這更動人的嗎？

## 七

一個地方所謂有沒有文化，大概要看文化是否成爲當地的主流價值，是否日復一日是當地人生活的主要養分。否則的話，香港每年舉辦這麼多國際藝術節、亞洲藝術節、電影節、時裝節、十大好書獎、校際音樂節……豈不成了文化聖城？文化不是一個演藝中心（或大劇院）可以建成的。

實情是，香港確實一向有著全光譜的各類文化圈子，好玩在每個都覺得自己不受重視，沒有在港人（及外人）的視線內，主流社會和我們的大敘事遺忘了他們。

台灣作家蘇偉貞說，香港最不好的是找不到咖啡館讓她閒坐下來寫半天文章。她觸到要點：香港地矜貴，文化人——波希米亞的、雅的、俗的——生存在委曲的空間。

在重視「創造性毀滅」的今日世界，在中國改革開放後，香港的應變力、吸引力、競爭力都顯出其局限。前車可鑑，上海應看到，昔日香港的成功故事，也是今日我們香港人想像力的負資產。

# 八

有時候在一個地方愈久，愈不敢下筆。我在台北一住多年才寫了一篇叫〈台北嬉譜〉的長文。說到上海，我更無法口齒伶俐。

九二年我在上海，目睹舊一章的淡出，新一章的猛掀，可說是驚心動魄。

但大家都知道，上海的現代化有誤期。面對併發的挑戰與後發之利弊，能不智慧與雄心雙全？

這裏說的是要兼顧兩種想像、兩類思維、兩套責任感（對行為的負責、對他者的責任），更涉及兩種語言：一種是「協調行為的語言」，或稱「解決問題的語言」，強調的是理性、邏輯、客觀、求是、效益、正義和適當程序，缺點是自以為正確，壓抑了他者；另一種是「顯示世界的語言」，可開啓新的世界，發掘新的可能性，解放被壓抑的，重溫被遺忘的，顯示著前一種語言的盲點，是他者的語言，是解讀，文學也多屬此類，缺點是難以把意義確立，不擅建立有規範的系統，甚至被認為不負責任。論者每以兩種語言之擦肩而過，標示著現代與後現代、建構與解構、普遍與特殊、解魅與再魅、實證與詮釋、形而上與詩之間不易調節的張力。

以我這文章為例，視之為類論文，則可用協調行為語言的內規，糾正它的不符事

105

台北市南京東路四段25號10樓之1

網路與書股份有限公司台灣分公司 收

廣告回信

臺灣北區郵政管理局登記證

北台字第15343號

地址：

市 縣

鄉/鎮 市/區

路 街

段

巷

弄

號

樓

姓名：

(請寫郵遞區號)

# Net and Books讀者回函卡

謝謝您購買Net and Books雜誌書！
如果您願意，請您詳細填寫本卡各欄，寄回網路與書
即可不定期收到網路與書的最新出版資訊。

姓名：__________ 身分證字號：__________ 性別：□男 □女

出生日期：____年____月____日 聯絡電話：__________

住址：__________

E-mail：__________

學歷：1.□高中及高中以下 2.□專科與大學 3.□研究所以上

職業：1.□學生 2.□資訊業 3.□工 4.□商 5.□服務業 6.□軍警公教
7.□自由業及專業 8.□其他

購買書名：__________

從何處得知本書：1.□書店 2.□網路 3.□報紙廣告 4.□雜誌
5.□新聞報導 6.□他人推薦 7.□廣播節目 8.□其他

您以何種方式購書：1.逛書店購書 □連鎖書店 □一般書店 2.□網路購書
3.□郵局劃撥 4.□其他

您覺得本書的價格：1.□偏低 2.□合理 3.□偏高

您對本書的評價：(請填代號 1.非常滿意 2.滿意 3.普通 4.不滿意 5.非常不滿意)

書名____ 內容____ 封面設計____ 版面編排____ 紙張質感____

讀完本書後您覺得：__________

1.□非常喜歡 2.□喜歡 3.□普通 4.□不喜歡 5.□非常不喜歡

您希望我們製作哪些專輯：__________

對我們的建議：__________

實、文理不通、錯漏百出、前言不搭後語（文章豈能滴水不漏）；也可用顯示世界語言，揭穿它避重就輕（例如不談權力與制度問題），漠視某些他者、裝作講理實玩文字遊戲。但若我改稱這只是類文人的散文，本身就屬顯示世界語言，無意立論，只想讓某些奇怪的讀者從中得到快感，那難道我就可以胡說八道，不受溝通理性的檢視？

上海的新一章，因爲誤期的併發，更要兼備雙重敘事，借兩種語言的張力而讓上海的想像飛躍；兩種語言又如雙翼，折一不可。一方面，協調行爲，解決問題，檢視所思所做，是否合理、有效，是否顧到正義和適當程序；另方面，顯示世界，擴闊想像力，關懷眾生，讓他者言，明白到各種由協調行爲語言營造出來的論述，皆是抽讀、皆有盲點，說穿了還只是湊合，離不開權力，卻沒有必然的基礎。至於鬧哄哄的所謂某城市該如此這般、某城市的人是這樣那樣，各種隱喻性、本質化的文字，究竟只是故事，皆屬戲論。

## 九

論城市的國際化，香港仍領先。港島有一條荷李活道，一條黃泥湧道，前者賣仿古中式及民俗傢俱，後者是時髦西式傢俱半條街。香港養得起這樣規模的中高價傢俱密集帶，可推想富裕階層（包括富人、外商和雅痞）的龐大和品味的國際化。現在香港人的焦慮，是認爲自己過了花樣年華，而未來是上海的。

港人的上海情結，怪是怪在只想說明上海的確比自己強，以證明香港眞的不成了；在本來不是零和的情況下，偏要借上海來刺激自己，是帶點自虐的自我懷疑，而不是大陸其他地方人的那種愛恨上海。香港人並沒有不喜歡上海。

如李歐梵所言，上海與香港互爲他者。不過，這是帶同質性的鏡子他者，不像上海與北京之間，尋的是反差。

至於台北，當然只是第三者，跟上海有點對不上號，在地方文化與工商結構上似對應著廣東的廣州——另一被低估的城市。這裏並無貶意，大家知道我愛台北，又雖是上海出生，卻從小由廣東人帶大，對嶺南文化有親切感，也由此看到廣州「可愛」的一面。外人對台北和廣州有誤讀，兩城皆不容易用隱喻來概括或代表什麼的——兩城無處不是豐盛的生活世界。

當然，台北常常弄不清楚狀況，強自己所難，例如前陣子說要做亞太營運中心，那眞是門都沒有。

毫不含糊地，我說上海、廣州、香港、台北、北京是中文世界的文化五都。

論文化新成就，今天的上海暫時恐得排在後面。然而，上海新一章激動了香港，做了件好事：香港人對上海的錯愛（以爲上海比香港有文化），起碼把文化重放在香港人的想像中。

十

海明威述訴一九二〇年代巴黎：如果你夠幸運，年輕時待過巴黎，那巴黎將永遠隨著你，因爲巴黎是移動的盛宴。至於我們，或許年輕時應去上海、香港、台北走走，品嘗各城獨特的味，那經驗說不定也終生受用。對特別幸運的人來說，跨城閒遊，三城猶如一場接一場的移動盛宴。

（二〇〇一年）

# 現在讓我們捧台北

最近五年我住在北京，常有人問我最喜歡哪個華人城市，問的人以為我會說北京、上海或香港，我總說，以居住來說，台北最好。

我在大陸更常碰到些老外，曾在台北學漢語，大家對台北生活都懷念不已，每次我說台北是華人城市中最適合居住的，這些現住北京或上海的老外大概都要想一想，然後才說：是，還是台北好。

我很幸運在一九九四年至二〇〇〇年間，曾在台北居住。之前大部分時間我是在香港，然而一九六〇年代末和一九七〇年代初曾隨父親到過台北，一九八〇年代因做電影的緣故又多次來台。那時候我覺得台北很醜。

一九六〇年代中開始，香港城市正大面積地改建，移山填海建高樓，建起大型室內商場，如一九六六年海運大廈和摩天樓，如一九七三年五十二層的怡和大廈（當時叫康樂大廈），而我們這些一九四九年後才出生的嬰兒潮一代，剛長大成人，亢奮的覺得一個現代化的新時代到了。很明顯，當時我想像中的明日之城，是一個由光亮高樓和巨型室內商場組成的城市。

奇怪的是，配合著這種城市想像的，是從電影電視看回來的美式亞市區（郊區）獨門獨戶分隔的住房，內有巨大廚房、多個廁所、小孩一人一個房間、屋前或後兩部車、四周有綠化帶。上述兩種想像——高密度高樓層市區和低密度低樓層亞市區——構成我當時以爲是代表現代化的城市美學。很不幸，至今很多人仍有著這樣的現代—光亮—花園—美化—明日之城的刻板想像。

帶著這樣的城市審美指標，難怪那時候我會覺得台北不夠所謂「現代」，甚至很醜。但醜歸醜，年輕時候的我來到台北已經覺得好玩、好吃，燈紅酒綠，還可以買盜版書盜版唱片。到了現在，很多人，恐怕包括不少首次來台的大陸人，以至一些勇於自責的台北人本身，仍可能會有同樣觀感，仍是這個帶點悖論的局，就是：台北不夠現代，醜，但生活質感不錯。

上世紀最後幾年住在台北後，我的生活的經驗告訴了我台北這個城市的好，爲此我曾寫過：〈台北是一個被低估的城市〉。

在大陸到處跑了幾輪後，更體會到台北的好跟它的城市建設或不建設有密切關係。

如果我的生活經驗是可靠的話，那我以前想像的那種刻板的現代化城市、未加反省的城市美學，就值得懷疑了。

回頭想一想，是，台北固然不可能是什麼都做對了，肯定也犯過不少錯誤，但它一定也大面積地做對了很多東西，才會覺得它好。它的祕密在哪裡？

我這裡只用了一個看上去是常識的進路來解說：簡．積各布斯（Jane Jacobs）在她一九六一年的經典《美國偉大城市的死與生》（*The Death and Life of Great American Cities*）裡，扼要地列出一個好的生機蓬勃的城市在型態上的四個要點，就是：用途要混雜，街區（街廓）要小，不同年齡建築物要並存，密度要夠高。有意無意中，有爲有不爲間，甚至誤打誤撞下，台北大面積地做到了。

一、用途要混雜：城市生活有很多需求，是要交叉混雜在同一地區才能優化效應，才能每天大部分時間有人氣。用途管制最初是爲了把不能兼容的活動如污染工業搬出市區，後來許多規劃者誤以爲土地用途的界定代表了科學的現代化城市規劃，病變出一種近似潔癖的做法，認爲總體城市生活不單可以而且應該以功能來分區，如分純寫字樓區、純住宅區和商業區，結果扼殺城市活力、製造生活不便，各市中心晚間出現死城甚至犯罪黑點，並因分區而製造了無法解決的交通擁擠。現在，規劃師大都理解過度用途分隔所造成的後遺症，只是政府和市民不見得有這樣的認知，易為好大喜功的主政者和為謀求利益極大化的發展商影響而作出大面積的功能分區的決定。回頭看台北是很幸運的，竟沒有被上個世紀的城市規劃教條所謀殺，仍有大面積地區是用途混合的。

二、街區小，街道就自然比較密，就是說一條縱向的路很快就踫到橫向的巷或十字路口，如果兩旁都是混合用途的建築，行人道的使用率就比較高，商店就會存活下去，不容易出現積各布斯所說的沉悶地帶，或其他學者說的模糊地帶和失落空間。街區小，街道路網密，給汽車用的馬路就可以相應較窄，鼓勵了步行，如果配以公共交通工具，就更進一步成就了城市生活。

台北經過滿清的政府行為，日本人參照歐洲近代化城市理念的改造，上世紀中及其後的重建和市區擴建，同時受到各族群居民的添加補改，留下的幸好大致是一個路和街有寬有窄、街區不大不少，卻摻含著汽車可穿過的巷子的方格網佈局，不純粹但卻實際上起了類似小街區密路網的效果——從今天的城市理念來說是一個難得的理想組合，加上混合用途，才有了我們印象中台北市區街頭的豐富感。

三、不同年齡建築物要並存，包括標誌性建築，包括有歷史或美學價值的建築，更包括所謂普通建築——普通建築是我這裡要強調的。為什麼呢？因為商業和政府行為自然會偏重標誌性建築，較聰明的政府——這裡包括台北市政府——也知道保育歷史美學上有價值的建築，可是對居民來說，他們工作居住的普通建築也是值得珍惜的。以我爲例，我現在每次回香港，就住在小時候住過的一個地方，是一幢外貌很醜很不「現代」的普通大廈，有四十多年歷史，我不單對它有感情，還堅信如果拆掉這樣的大廈將是香港的損失。比我年輕的人則可能對只有三十、二十或十年的建築有感情，如果都拆掉，整個台北變成信義計劃區，那台北還有什麼意思？可是，把構成一個城市特色的不同年齡建築物拆掉，變成全新，往往正是商業利益所在，往往正是城市理念被誤導的政府所爲——往往還用上市區更新和美化的名義。

我不是說城市建築不許變，其實城市是要變的，我們不能要求一個城市成爲活博物館僅供外人欣賞，除了不可替代的建築應盡力資助保留外，舊建築要不斷維修和局部更新，我們甚至應該歡迎新建築的出現，但都應是逐一漸變而不是大規模突變，不是因爲是所謂普通建築而濫拆。我稱之爲附加法，新的附加在舊的之間，如有機耕種般講究不同的植物混雜的精耕，關愛的對象不光是歷史文物式建築，也包括五十年、四十年、三十年、二十年、十年的那些不起眼、但與所在地居民共同成長和他們感情所歸屬沉澱的普通建築。

普通建築才是一個城市的主菜、城市的母體。

不同年齡的普通建築能聚在一起，複雜多元的用途功能才有可能眞的混合，也表示了不同階層、族群、職業和消費傾向的人能生活在共同空間並作出互補和分享，是有利社會資本和階層凝聚的。

台北拆拆建建這麼多年，竟還剩下不少有不同年齡建築拼貼並存的有意思地區，有人跟我說是因爲產權分散、公權不彰、和沒有眞的成爲國際金融資本的亞太營運中心等等理由，這說不定有點道理，不過我發覺其中還不完全是誤打誤撞，自一九八〇年代末以後，台北學界文化界對城市發展的理念是有較多的反省和介入，而台北市民的維權和社區意識就算沒有荷蘭阿姆斯特丹或美國波特蘭高，也是華人城市中最高的。要維護一個城市建築面貌的多樣性不是容易的事，是持續需要政府、專業規劃者、學者、發展商、業主和居民社區的積極介入，而作出較聰明的群己利益平衡的安排。

四、高密度不等於過分擁擠，後者是貧民窟特點，很多人擠住一個小空間，沒有隱私，這是叫過分擁擠，但如果是一種單層的簡屋，地區密度可以很低。

上世紀好一陣子城市規劃者誤把高密度老城看作貧民窟，不思逐步改進老區條件，卻念念不忘大規模拆遷，以便利光亮明日之城的一步到位的突起，並以把低收入者集中到公費補貼高樓和把中產者搬去郊野低密度住宅區爲己任，成功地一舉謀殺了不少大城市和郊區。

城市密度一低，行人稀落，街上商店難以爲繼，出現一種市區內的亞市區現象——地區用途分隔、汽車代步、高速路割裂市區、臥室睡眠小區住著同質性很高的居民、商店集中在大型商場內、模糊地帶失落空間蔓延。這樣，比較複雜多元的城市生活就爲較單調寡頭的亞市區生活所代替。

台北一直保持著相對的高密度，而從我的觀察，台北一般家庭的居住面積要比香港大很多，說不上過分擁擠，除高樓大廈外，還有很多不同年齡不同高度密度的建築——包括四至六層的連排屋，是較理想的密度組合。

台北的混合用途、路街巷密集造成的變相小街區、不同年齡建築物緊湊連綿拼貼並存，和相對的高密度，是它的優點、是它的幸運、是它的美、是它平易近人、其實更有智慧的現代化，所以我們喜歡生活在其中——當然，這四點只是必要而不是全部的條件。

這樣的城市美學，欣賞的是城市生活的混雜性和多樣性，是完全顛覆了我以前那種不懂生活、不近人情的現代—光亮—花園—美化—明日之城的機械化規劃主義教條（註）。

有了生機勃勃的緊湊街頭和公共空間，才有可能出現波特萊爾、班雅明和李歐梵式的步行漫遊者，而我也經常把自己當作是這樣的一個漫遊者，但我會提醒自己，更關鍵的是，相對於投資者、政府、遊客以至漫遊者而言，在地工作和居住的人，他們站的才是道德權利上的最高點，城市是他們的。台北就是在這方面做得比北京、上海和香港都好太多，也解釋了它的生活質感。

話說回來，一個旺盛的大城市不可能只是一個居住城市，它必須要有經濟活力，只是，要成爲全球經濟節點的城市，其實並不需要把自己大面積變身成爲無特色的現代─光亮─花園─美化─明日之城。恰恰相反，眞正的世界城市如紐約、巴黎和倫敦皆特有自己的城市風采──大面積的用途混雜、高密度、不同年齡建築物並存。這種有茂盛城市生活的特色城市，更能吸引全球人才。

在重訪台北的台北學盛會上，就隱喻想像和賦形流轉，各學者先達發表了多方面的眞知灼見，我未談隱喻，只說賦形，而且是單一的城市空間賦形，不厭其煩作出可能對大家來說已是常識的補充，因爲我覺得再多說幾遍也不謂多。我說的只是三點：

一、台北是好城市。

二、台北的好，它的神韻風流，它的文化與文明，千頭萬緒，相信其中總有一部分是跟它的路街巷建築城市賦形是有關的，千萬不要破壞自己的好而去追他城的短，或一些已破產的理念上的純粹的美。

三、古蹟名勝歷史建築的保育固然重要，應大力表揚，正如全城層面的景觀建設和各街區層面的地標也是不可少的，哪怕只是一家老店，而在底氣厚的城市，我們也容得下一兩個信義計劃區和幾家——甚或幾十家——星巴克。然而，普通市民工作和居住的公共空間和私人空間，所謂普通路街巷、不同世代的所謂普通建築，和歷來因時流轉混合用途的維護，其實是同樣重要的，如果不是更重要的話。

希望台北人能永續地替世界保育精耕一個好的城市。

（二〇〇四年）

註

因爲喜歡城市生活，並在一九七六年辦了一本城市雜誌，對有關城市的論述也就比較注意，加上生活的體驗，慢慢察覺自已以前的現代化城市想像，有很大的誤區，這可追溯至十九世紀末的烏托邦主義和上世紀的現代主義城市規劃，包括埃比尼澤·霍華德反大城市的「明日花園城」（田園城），法蘭克·洛伊·萊特的每戶一頃「廣頃城」，和其中最邪惡的科比意（勒・柯布西耶）——建築師可以是很糟糕的城市設計師。

科比意以進步和未來爲名的「光亮城」（光輝城）是霍華德花園城和萊特廣頃城的高樓版，把城市當成機器和「製造交通的工廠」，主張在互相隔離的綠地中佇立獨幢的現代主義鋼筋玻璃巨型高樓，只是霍華德推崇步行和公共交通，科比意和萊特則要消滅行人，以車代步，如科比意說：「我們一定要殺死街道」，代之以純供汽車使用的高速寬路。不論是霍華德和科比意的集中主義，或萊特的分散主義，口頭上皆說是反亞市區的，可是他們的主張無可避免助長了亞市區的想像，如科比意自鳴得意說的：「我將住在我辦公室三十英里外的一個方向，在一棵松樹下；我的秘書將住在它三十英里外的另一個方向，在另一棵松樹下。我們倆都有自己的汽車」。科比意在一九二五年曾狂妄提議拆掉巴黎市中心區以實現他個人的狂想，幸好不得逞。今天如還有人介紹「大師」科比意的現代主義城市謬論而不加批判，就如推介史達林式計劃經濟而不提它的人道代價。

這些「現代—光亮—花園—美化—明日之城」的論調影響了上世紀不少城市規劃者和決策者，遺害包括不必要的大片破壞老城區，以實現所謂市區更新、大面積功能分區，使珍貴市區地段在晚上和周末變成沒救的死城、功能區之間出現模糊地段、市區的亞市區化、大型公共或炫耀性建築分隔獨處而四周是中看不中用的景觀化無人無用地帶、城市街道兩旁建築與馬路等距所形成的連綿性「街牆」被破壞、內向型同質居民小區把城市分割、消滅行人也即趕絕面向馬路的商店亦即城市生活的終結、私人汽車主導了交通系統從而進一步割裂城市佈局並後患無窮、人口分散主義的蛙躍式區域規劃、沒有就業安排也沒有高速公共軌道交通連接的衛星城、只有汽車才能到而四周是停車場的獨佇商場或辦公園區、瀝青邊緣城市和低密度亞市區無限蔓延侵佔切碎了郊區、眞正公共郊野和農地消失等等。

上世紀受害最深的是美國，然而全球不少城市曾經、甚至仍在步其後塵。現在部分城市規劃者、市政府和市民已有所反省，包括老建築保護、並由關注個別建築進展到整片街區甚至整個城市核心區的保育、城市邊界限制以增加市區緊湊密度和保護郊野、城市與都會周邊區域整體協調、可持續聰明增長、重點考慮公共交通和善用密路網而不是讓高速路和私人汽車在城市佈局中有絕對優先權、精耕式分區管制如局部地區建築限高、獎勵式重新利用失落空間、尊重在地文化特色、市區內停止「大面積」式重建和批地給發展商、給低收入者的公費住房分散融入市區其他住宅群內以減歧視、漸進的老區改善和「士紳化」（或更理想而且是可爲的，是維修改善老區同時保持原來的居民階層組合，如巴黎古老的馬海區和紐約的昆士區，甚至仿效阿姆斯特丹的結合公費住屋與老建築保育），以至「新市區主義」——雖然後者往往反諷的，只是把新的亞市區小區建成小鎭模樣而無力改變亞市區蔓延的大局。

三里屯
全聚德
Quanjude Roast Duck Resta
The Ancient Cauldron of Golden Fi
66
東三環外的公園
北京
Bei

【輯三】

# 北京・落腳

北京雖不是港台那種不設防城市，卻比其他大陸城市更多元。跟許多港台人士的想像相反，其實北京的自由空間大。所以夠雜，所以能混。像這樣那樣的人，還能去哪？只能在北京。一個理由就夠了。

# 有一百個理由不該在北京生活，爲什麼還在這？

你以爲外地人批評北京，北京人會翻臉，我的旁聽經驗不是這樣，反是北京人說得比誰都凶。

一個很大的可能性是，那人也不認爲自己是北京人，只是住在北京，哪怕住了五年、五十年。京中某些時髦圈裏，北京人反是少數，所以就算碰上一個在北京生的——不論是歷代住皇城根四合院的原住民，還是一九四九年後進京住大院的第二代——他也會懶得爭辯，只有在沒旁人的時候，才會對我這種不屬於主要矛盾、弄不清楚狀況的港胞，數落一下現在城裏太沒品味的外地人。

一個總印象是，各種在北京的人，都對北京有不滿，但偏要在這。

我想，有人批評台北，台北市人會喊冤；外人彈香港，港人唔順氣。港台還停留在愛被人捧的階段，反而，北京人最酷，像紐約人，捧她醜她都不當作一回事。

北京已經超過寬容，甚至反客爲主。同是熱門移民城市，廣州和上海當地人的主體性仍很強。在北京，人口統計上老北京早就是少數民族。或許，北京是中國最早深圳化的城市。

不要以爲捲舌的出租車師傅代表北京人——他們許多是城郊來的，所以不認得城裏你要去的地方。

文化界朋友于奇說，北京不是爲北京人而設的。首都有自己發展的軌跡，由不得只照顧北京人。譬如說，提到北京，有人想起政治，那說的可是中央政府，成員來自五湖四海，而北京人多是在北京市政府。新的象徵一如西北角的海淀（含中關村和各重點大學），是大學生亞文化旺盛的地方，然愈是精英的大學，愈多各地農民子弟；二如時尚的東區包括三里屯使館區，代表人物是外商、海歸和八面四方湧至的生猛白領。現在，還加上奧運……。

在京的外地人來得久來得不久，活得好活得不好、有三證沒三證，都不自認是北京人，並且會強調自己是外地來的、原籍哪裏。

一九四九年後進京的第一代，因爲口音，不好意思自稱北京人，要到了土生土長、語調完全北京化的第二三代，才以北京人自居。

楊東平幾年前的經典《城市季風》說，「土著」老北京受旗人濡染，故溫文爾雅，而一九四九年後進京的新北京人則幹大事。若以楊的分法，改革開放後才來的可算是新新北京人。不過，身分認同上，只有土著和進京第二三代才會毫不猶豫地自稱北京人，說明「北京人」這個專利詞代表著多麼鮮明的族群——像猶太人，誰敢亂認？

其他，非北京口音的，不管住了多久，都是京漂。

北京人和京漂是絕配，共構北京的好風景。

我聽說：北京人有素質，外地人有能力；北京人不爲人先，外地人急功毛躁；北京人虛有其表，京漂就成了新北京。

北京人依舊自我感覺良好，男的都是爺，女的就是大姐大。

在一個被佔領的城市裏，變了少數民族後，還活得有優越感，才叫自信，顯出北京人底氣之厚。同時，也可推想外來統治者非等閒之輩。

北京就是一個小的全中國。那也眞夠雜。

對我來說，夠雜是住在北京的一個理由：隨時冒出意想不到的人物，品種匪夷所思且獨特性高。

北京的臥虎藏龍，是要你找半天（北京門牌模糊），走小巷摸至一個不起眼的院子裏一幢沒賣相的無名平房，推開一扇窄窄的破門進去才發覺裏面都是寶。

北京連老外都特雜，使館的、通訊社的、外企的、亞非拉的、不懂中文的華裔、旅行團遊客、背囊遊客。還有一變種，即在北京混之有年、嬉嬉的痞痞的、操普通話的老外。

痞老外紅鬚綠眼，散住菊兒胡同之類的民居，每天在胡同區進出，老北京見怪不怪，因此態度也不亢不卑，特令痞老外舒服。

北京就是自在。

同樣的道理，不管你是留長髮或剃光頭，穿不稱身或不熨的衣服，風格不配套顏色不對稱，褲腳一高一低，招搖過市，也只有在北京才如此不顯眼。

光是這點我看北京已足以把上海比下去，繼續守護前沿文化的火炬，吸引一代又一代的底層類青年撲過來，等看到亮。

文化前輩沈昌文說，進京的上海人特別可愛，潛台詞是不是留守在滬的上海人有所欠缺？

上海人要明白，到北京，沒人看你的衣服。一指你在北京穿衣服沒壓力；二指北京人種太雜，審美標準如無軌電車，沒人懂解讀你那身時裝。跟潮流的上海人，香港人才是你的同種。

當然，也可能是北京晚上街道暗，弄不好白天颳風又污染，誰看得到。

（北京創意產業圈裏人其實也在乎外表，重點是不要穿得像白領和不穿權服〔power dress〕，除此外百無禁忌，可暫稱之爲折衷主義的「北京滾亂取」——Beijing Grunge。）

北京生活的好處，要是正經又具體，數出十個都不容易，我看過一些中外報刊做過類似專題，說來說去都沒什麼，如果只有這些理由，我今天應還留在香港九龍尖沙咀。

但找一百個不該在北京生活的理由，卻容易多了，隨便找些京漂聊就有。而且，每一個不能活的理由聽起來都頗為嚴重，例如男的不愛洗頭髮，女的三十歲就開始有皺紋，之後儀態身形就大姐大化。

更有些理由直讓你想立即撤，如沙漠化、沙塵暴、髒、空氣不好、乾到觸電、乾壞皮膚、缺水、塞車塞車塞車、開車的人沒有小路讓大路的路權概念、計程車司機不認路但會繞路、計程車特窄特髒（我幹嘛老說計程車）、晚上街道暗——就算自稱中央商業區的朝陽區也暗、有悶棍匪、少通宵便利店、東西粗糙，到處都在拆，不該拆也拆，整個北京像個大地盤，房價比上海還貴，契稅高，買房政策為難外地人，建築沒意思，沒有像樣的老洋房，舊民房特破，九〇年代還戴古裝大帽子，新完成的地標建築又土又大，真不知道容積率是怎麼批下來的——這點京不如滬，甚至不及近幾年的鵬城（深圳）和穗（廣州）。

但，大家還是在北京。

且不說各級政府承諾了許多未來的改進，首先，東西比以前好吃多了。十年前北京人不會燒菜，出去吃則只有超高價和難吃兩種，十年後北京人還是不會燒菜，但外面的選擇也夠多了。東西好吃之後，一百個不好可以暫放一邊。

（且不說時髦食肆可買到比港台影院還快的《哈利波特》DVD，而在同一批光碟裏還有我那個年代的黑白歐洲藝術片。）

北京有了人間的基本生存條件後，混勁就來了。

對搞創意產業的人來說，混是很重要的——混的場，在商業市場和藝術自主之間，讓創意人可以迴旋，休養生息，賺點外快，左右逢源，「帖這鐵那」，互相揣摩，伺機出擊。到了北京才知道天地有混然之氣。文化生態上，北京最像紐約——創意文化以外，紐約更像上海。

北京雖不是港台那種不設防城市，卻比其他大陸城市更多元。跟許多港台人士的想像相反，其實北京的自由空間大。

所以夠雜，所以能混。

像這樣那樣的人，還能去哪？只能在北京。

一個理由就夠了。

京漂搖滾詩人劉輝：「因爲詩歌，我花枝招展；因爲快樂，我瘋瘋癲癲；因爲自由，我喪失家園；因爲理想，我不會改變。」

更何況有人說，北京確是可愛，因爲每次有文藝演出，一些其貌不揚不洗髮的男士，身旁都有美女相陪。漢子有市場，說明北京浪漫不死。當然，事實並不盡然，北京現在也跟全國看齊，吸引「堅果」美女的最高效方法是錢，但如果你沒錢，在北京還不致絕望，最好是做老外，但如果你不是老外，可以試試做藝術家。

當全國都在比錢的時候，北京還有人整天在比誰牛。

那，北京就算有再多不是，還是有意思。

所以，聽王朔的話，擰巴。

抱憤青心態，過小資生活。

外表雅痞，內心嬉痞——倒過來也行。

純雅痞最終將歸屬上海，喜歡北京的多少混點嬉痞。

比起中產，多一分不甘心的不安分；比起美國波波士，要麼更頹廢，要麼更有氣——是爲北京「擰巴族」。

只要這些人不都跑去雲南麗江，北京繼續有趣。

如果你不知道我在說什麼，你大概是另外一種人。又如果你本來不是在北京的，很可能你跟我一樣，來北京有三個理由，爲了學習，爲了事業，爲了理想，用白話說是爲名爲利爲權。不要小看這三個理由，你心裏明白，只有北京能給你這樣的滿足。

（二〇〇二年）

# 波希米亞北京

## 在北京不要打領帶

二〇〇〇年回北京，西裝筆挺，一名很會玩的同事指點我：在北京不要打領帶，女孩子不喜歡。那次我一笑置之，從此甚少打領帶。

其實現在北京打領帶的人比以前多，帶民包括在網站做市場業務的，只是，領帶文化仍遠遜於一些國際城市如香港——香港高尚的男人在中環，或商或官，大多白天打領帶。

但香港卻是人文文化受隔離的災區、文化精英被邊緣化的邊城。相反地，在各地也大抵被邊緣化的精英文化、文化精英——誓死不打領帶的族群——卻在北京佔著頗有能見度的位子，並因為人多，有時候甚至自說自話、自成一國。

你去北京的時尚派對、時髦餐館，不用打領帶，去的多是藝術家、樂手、演藝圈、設計師、模特兒、媒體人、通訊員、公關和混子，其中可能有一個是在投資銀行做事的，不過他正在寫電影劇本，或是剛從麗江中甸回來，混在光頭和長髮之間。

這就是北京的圈子，好像都跟創意產業、文化事業沾上點邊，哪怕只是說說混混而已。

我以前想起北京，會想到首都的政治北京、故都的歷史北京、中關村和中外企業的經濟北京、老北京和民間京味的文化北京、以至大學和博物館的學術北京。

我翻看了不少介紹北京的旅遊書，大都是跟著相似的進路，說明了這是大部分外面人和部分城裏人的北京想像。

這些想像沒有錯，只是少了一道非常有意思、有價值的特色風景。在北京生活後，慢慢意識到，北京文化在過去的二十多年新時期，明顯地增添了新的元素，甚至可以說是改了原北京文化的體質，讓我覺得有必要對現有的北京想像做補充。

我姑且稱之為「波希米亞想像」。

## 下一站，北京

范學宜本來住在黑龍江中俄邊境的一個小鎮裏，長年陪伴著患精神病的母親，偶然寫些詩和散文，但從未發表，家鄉的人覺得這女孩奇裝異服、獨來獨往，又不嫁人，不好理解。一九九八年，已快二十八歲的范，毅然動身到北京當民工，做過售貨員，後來加入一個電視製作組，認識了一些文藝界的人，慢慢她的寫作在小圈內傳閱，並有人拿去譜曲。到了二〇〇二年，作家出版社替她出了詩和散文集，而台灣資深作曲人陳彼得要把她的詩譜了曲，出音樂專輯。范現在兼做藝術經紀人，第一次成功賣掉的是劉輝的油畫。

劉輝是黑龍江哈爾濱人，自稱「有潔癖的蒼蠅」，寫詩、畫抽象油畫，很有性格，沒什麼收入。范自告奮勇做劉的經紀人，說服了位於假日酒店的頗有派頭的國際藝苑，替劉輝開個展，竟賣掉不少畫，在圈裏有點轟動，大家認爲范學宜能說服那些買主，正因爲她不像畫商。

一次畫展，解決了范和劉的生活問題，劉終可以在郊區租下較寬敞的畫室，準備下一個展。

以前劉輝晚上混音樂酒吧，大部分時間是瞎混，偶然也會以他對當下文字的敏感，替酒吧歌手在歌詞上出點主意。有段時間，他跟二手玫瑰走得很近。

二手玫瑰本是哈爾濱的樂隊，主唱是梁龍。在當地，不要說主流社會容不了他的音樂，連搖滾圈也不認同他的風格。九九年十月，梁龍拿著一支國產吉他，隻身漂到北京，用二百二十人民幣租了個房，一天吃一斤掛麵度日。

兩個月後，在市區邊陲的酒吧，梁龍湊在別的樂隊裏演出，唱別人的歌，因爲「北京的合作者也接受不了我的歌」，梁龍說。

有一回，一個叫「巴比龍」的樂隊，主唱走了，叫梁龍代唱，樂隊的吉他手是王銓棋，是在新疆長大的河南人，本來已心灰意冷不想再在北京混，那次他即興地彈著吉他配梁龍唱自己的歌，「幾分鐘就對上」，二人決定合作，重用二手玫瑰之名，唱梁龍的原作品。二〇〇〇年八月十三日，在搖滾酒吧豪運首次演出，來看的大都是朋友，但之前沒聽過梁龍的歌——「全都傻了」。梁龍是搖滾，但又帶點二人轉——東北人搞笑粗野的、大多是一男一女又唱又做的RAP／相聲／棟篤笑。並且，梁龍化了女妝出場。

當時，台灣滾石魔岩在北京辦事處有一個叫牛佳偉的，把二手玫瑰帶到搖滾重點演出現場CD CAFE，樂隊就更爲圈裏人所知。牛佳偉又替梁龍撮合了二個北京樂圈的「老炮」，彈低音吉他的陳勁和打鼓的張越。梁龍說：「以他們的資格來說，沒必要跟我合作。」結果還是合作了。梁龍又在網上聊天室，認識了「吳氏管樂」的後代、吹嗩吶的吳澤琨，吳也加入了，「我們的音樂開始完整化」。十一月，鳳凰衛視替樂隊錄了節目，並預告了，後來雖沒有播出，「但令我們有信心再去做」。北京音樂台播了樂隊的單曲；網站「偉酷」買了三首歌；另一時髦演出現場「藏酷」請外國樂手來京表演，找二手玫瑰暖場——「自己覺得可以眞的做音樂了」。

報導二手玫瑰最勤快的，是那些免費派送的英文城市指南，因此在北京混的外國人很多看過二手玫瑰演出——這些外國人一直是北京文化圈周邊的重要資源。〇二年三月，歐洲年度的 Snow Open Air 音樂節，有瑞士樂隊SINA的演出，可能因蘇黎世與昆明是姊妹城或另有原因，想找一隊中國樂隊同台，而北京的瑞士使館，折騰一番後竟選中二手玫瑰，梁龍認爲原因是他的東西「跟瑞士音樂沒有一個地方可以掛勾」。

那趟演出，讓梁龍「嚇一跳」，「中國從沒有這麼大的反應。我感覺到音樂的重量，不需要詞的解釋，只要唱法音樂到位」。那眞太玄了，因爲二手玫瑰在北京的主賣點，是抵死諷嘲的詞。

及後，有人請二手玫瑰去廣州、深圳演出。渡長江是大考驗，在「糙」的北京受落，還不等於全國受落，除了深圳這個移民城市外，南方往往是跟港台的，嶺南更甚，北方東西很難討喜。

爲什麼叫二手玫瑰？梁龍說：「二手，東北人說的二姨子，說不清的，不男不女的。玫瑰是一種感覺。二手的感覺。」

對黑龍江人梁龍和新疆河南人王銓棋來說，他們的生命到了北京有了燃燒的機會。

二手玫瑰是北京製造的樂隊。

在北京，能看到這種混出來的新品種，突由二手感覺蛻變爲全國的一手現象。

范學宜、劉輝、梁龍都是東北人，以後，你或許會聽到他們的名字，或許不會，但我相信全國每一個地方，有更多更多范、劉、梁這樣的年輕人，在當地是不被理解的異類，他們依稀地感到，真正適合他們生活的是在別處。何處是他們的別處，心靈的歸宿，同路人的總站，理想和欲望的新故鄉？他們別無選擇，只能奔北京。

## 北京，中國波希米亞首都

這些四方八面漂進來的波希米亞人，加上其他正規進京的文化追求者，在新時期大大地壯大了北京原有的龐大文化隊伍。

解放前，北京的文化產業規模遠不如上海，建國後逆轉。

一九四八年底，當時北平只有十三所高等院校，而上海有三十六所。到五二年，北京增至二十六所，上海減至十五所。到八七年，北京地區高校共六十七所，其中重點大學二十二所，博士生六百四十六名，佔全國三五．四％，而上海只占一四．六％。今天，同期在北京的高校生人數是六十七萬人。

一九四九年北京僅有三家出版社，上海則到五二年還有三百二十一家。隨商務印書館、中華書局、三聯書店等上海大出版社遷京，實力彼長此消，到八七年，北京有出版社三百二十家，佔全國總數的一半，上海只剩三十三家。

四八年北京的報數爲二十四家而期刊二十七種，上海在解放前有報二百家以上而到五〇年還有期刊八十八種。到九一年，北京有一百五十九家報紙、九百四十五家期刊，上海則是八十二家報紙、一百五十九種期刊。

當然這些數字不反映全部質量，例如大型工具書和古籍整理方面上海很強，而在重印書一項，上海到八九年還佔全國三四．六％，在北京之上。

然而事實是北京在四九年後作爲中央所在，被帶動成了國家文化首都，隨文化機構的擴展，大量吸納全國各地人才，隊伍不斷壯大，而唯一競爭者上海，建國後不再是全國最大的集散人才的移民城市，反要承擔向首都輸送人才的任務，如北京三聯書店的創辦人和歷任前總經理，皆爲從上海移進京的。

一消一長，奠定建國後北京的文化優勢。不過，一切只是計劃經濟下的政府行爲，算不上是二〇、三〇年代上海的那種自發的海納百川。那要等到新時期。

先說六〇年代中及後的十年動亂，幹部改造和知青下鄉，北京的文化隊伍也曾淨輸出不進（短期的串連不算）。

直到七八年恢復高考，老老小小的學子重返大學密集的北京，知識人口才眞正增長。

八〇年代新時期除帶來了新憧憬，也稍微地開拓了民間社會公共空間，烘起現在已成懷舊物件的八〇年代中的文化熱。

到九〇年初，新紀錄片家吳文光已能以「流浪到北京」做專題拍攝，可見體制外匯聚北京的現象已顯然。

九二年鄧小平南巡後，流浪、遊牧、南漂廣東北漂京的風氣更開。

九〇年代的北京，原已有全國最密集龐大的文化藝術學術傳媒隊伍，再加上從體制內外的各途徑進京的、畢業後不願離京的、和不顧單位戶籍限制而漂入京的，終成就了北京在文化人力資源上全國難及的大場域優勢。

當然，廣義知識份子和另類波希米亞人的漂，只是更宏大的「中國漂」的支流，主流是數以千萬計的農民工（九四年前被貶稱爲盲流），家傭、工匠、白領、個體戶、性工作者往特區和發達城市覓工作，並加上企業派員去各城布點，地方學生考進城裏大學、地方官員和家人往較大城市轉移等，那才眞的是社會潮流浩浩蕩蕩，值得大書特書，在本文卻是題外話。

七九年《讀書》月刊，加上八五年後「走向未來」、「中國文化書院」、「文化：中國與世界」等三大文化圈子的出現，是知識份子恢復元氣的標竿。

文藝的復甦表現在一九七九年及其後北島、顧城等的詩歌、劉心武小說《班主任》、文學雜誌《今天》、《北京之春》、《沃土》，視覺藝術的「四月影會」、「無名畫會」、「迎春畫會」和轟動一時的「星星畫展」等。

牽動起本文關注的波希米亞傾向的是八五年劉索拉的《你別無選擇》和徐星的《無

主題變奏》，兩本宣告中國「垮掉的一代」正式登場的小說。

同期的王朔，是連接京味文化和北京波希米亞的關鍵人物，他的小說裏的京痞子型態，是新京味的代表，也是後來北京波希米亞的兩大美學取向之一的濫觴，下文再說。順帶一提是他的回響，光在八八年就有四部小說改成電影（《頑主》、《一半是火，一半是海水》、《浮出水面》改成《輪迴》、《橡皮人》改成《大喘氣》）。流傳更廣的是有他參與的九〇年電視劇《渴望》，被認爲是北京兩代人文化交接的轉捩點。翌年的《編輯部的故事》，以新北京城市青年流行語的調侃，淹沒老北京胡同居民方言的侃，以寫俗寫醜寫性的新京味，顚覆了一般認同的化俗爲雅、刻求淨趣、有所不寫的京味方言文學。九〇年代的北京正式登場。

在語言和文字以外，新時期北京文化的新銳出現在更多的載體。

八二年後，各代北京影人拍了不少有質感的京味電影如《駱駝祥子》、《茶館》、《如意》、《城南舊事》等，但從今天的角度，第五代以偏遠地區爲背景的「異域情調片」，是更接近北京波希米亞的呼吸。一九八四年一鳴驚人的第五代電影，雖以西安廠和西北題材開始，但主力軍是在北京受學院訓練甚至是北京電影世家，而在輿論包裝上也要靠北京，如當年力捧第五代的《當代電影》、《電影藝術》，就是北京刊物。

九〇年代兩部重要電影把背景拉回北京。値得一提的是兩片皆由台灣香港資本投資，甚至有港台幕前後人員參加，這將是北京創意產業——不只是電影、電視、音樂——自此頗常見的境內外互動。

陳凱歌的《霸王別姬》讓大家看到上世紀北京的重要的藝術類型京劇的微貌，以北京的京派京劇藝人爲軸貫穿解放前後。

被歸爲第六代的姜文，導演的《陽光燦爛的日子》，反射文革後期北京某一類青少年的狀態，他們生於六十年代，父母是解放後才隨軍隊或單位進京住大院的，是「新北京人」第二代，也就是烘托出王朔式新京味痞子的族群。

電視劇方面，清裝劇九〇年代中後長春不倒，京官、旗人和京味文化廣爲人知，不過更與本文有關的是台灣電視人主導合拍的《人間四月天》，帶起鍾情京派文人林徽因、梁思成和來往京滬兩地的徐志摩的小熱潮。

傳統藝人、京派文人、新京痞、詩人、加上其後第六代電影擅長刻劃的城市邊緣青年，大抵替北京波希米亞想像補了必需但並不足夠的底氣。

異軍突起、鮮活了八〇、九〇年代北京波希米亞特性的文化載體，首推搖滾樂和先鋒藝術。

幾乎所有中國搖滾的先驅都要到八〇年代才聽到Beatles和滾石，但搖滾無國界，年輕人很快產生共鳴。九〇年代初才出道的搖滾迷更很多直接跟上柯特・科本（Kurt

Cobain），這時廣播電台ＤＪ（如張有待）和書（如郝舫的《燦爛涅槃》和《傷花怒放》）已起了引導作用。

據記載大陸在八二年已有了搖滾的嘗試。八六年很關鍵，因爲北京電視台錄播的首屆百名歌星演唱會，給了一名歌手一個機會，那名歌手叫崔健，歌叫〈一無所有〉。九〇年初，崔健在北京工人體育館和全國多處，而唐朝、ＡＤＯ、一九八九、呼吸、狀態、眼鏡蛇樂隊在首都體育館，以爲亞運募捐之名，把搖滾帶上地面，被稱爲中國的搖滾季，年青人穿著〈一無所有〉、〈從頭再來〉的汗衫，搖搖晃晃。

年青人自發組成的搖滾樂隊，散居全國各地，並不一定要來北京，搖滾樂到底是屬民間的；不過，若想碰到更多同類，找衝擊尋突破，那很多樂手會選擇闖闖北京，心態如一九四九年的毛澤東（「進京趕考，考不及格是要回井崗山的」）。而京郊租金較低的農村如樹村、東北旺，曾因外地樂手聚居而知名。

値得一提是全國音樂產業雖持續衰落，搖滾和流行音樂的人才現在卻幾乎全集中在北京——一度在流行樂有點作爲的廣州已靜下，而上海是音樂消費而不是創作生產城市。民間公司難從出版ＣＤ專輯賺錢，唯著力做經紀人，安排歌手走穴演出，故亦多以京爲基地。

八〇年代開始，當代的成名畫家能出國的出國，不出國又不想或不能待在地方畫院的，進京是一個選擇。但更多的是有超前的強烈藝術衝動、卻沒資格也不屑進入藝術體制的年輕人，他們更可能入京，情況跟一八四八年後，進不了畫院的波希米亞畫家，湧集巴黎，以新畫風來左打古典畫院右摑布爾喬亞沙龍相似。

在被稱爲震醒美術界的八五美術運動及其後的串連，北京雖爲源頭之一卻並沒有明顯主導地位，卻因作爲八五年衍生的一場展覽而成正果：八九年春，在當時被認爲是殿堂的中國美術館，一代藝術家舉辦了空前的「中國現代藝術展」，一聲槍響，行爲決定藝術，機緣與失控，宣告了中國當代藝術的新紀元。

九一年，潑皮（玩世現實主義）就在爭論中登場，政治波普出爐、豔俗也不遠，裝置和行爲藝術成了一回事，相繼出走至威尼斯、雪梨和其他，中國當代藝術稍受國際注意，部分畫家吸引到境內外收藏者，生活條件有所改善，鼓動了更多堅持藝術創作的同道，而民間和境外人士開設畫廊，豐富了北京的文化生活，社交場合更少不了藝術家的參加。

畫家爲了創作空間和低租金，也常選屬北京市的近郊農村作居家畫室，擇鄰而棲，遂有當時被驅散、現已成傳奇的圓明園畫家村、東村等自發集居地，及至近年的以百計藝術家——架上油畫的、雕塑的、裝置的、行爲的——聚居北京通州區（一般稱通縣）而傳誦一時。

搖滾樂手和藝術家是九〇年代最有代表性的北京波希米亞人。當然，也有選攝影、劇場、現代舞、詩及其他藝術類型爲志業的，或在出版社、學院、報刊、廣告公司、電視台工作，甚至白天是白領的波希米亞人。

而八〇年代還在家鄉孵著的青少年，他們與流行文化同成長，如一網上文章所言：「看過五遍以上《少林寺》，記得《大西洋底來的人》、《尼爾斯騎鵝旅行記》，唱過『七大馬力十大神力啦啦啦鐵臂阿童木……』，喜歡過程琳的〈酒干倘賣無〉、張強的〈遲到〉、朱曉琳的〈那一年我才十七歲〉，後來是費翔和齊秦，看港台錄影，玩電子遊戲，跳霹靂舞，聽搖滾樂，腰裏別過大個兒的隨身聽……喜歡過翁美玲、山口百惠、霍元甲和許文強，讀過金庸古龍三毛席慕容北島汪國眞王朔錢鍾書張愛玲……」，他們注意的載體比上一代多、類型雜，是流行文化的自然人，在網路時代及其後，已成了國產流行和波希米亞文化的新生產者。

北京波希米亞是八〇年代中後開始的新生文化現象。

北京生活貴廉由人、創作空間相對寬鬆、居民對各式人等見怪不怪，各行各業工作機會較多，讓波希米亞人容易在此存活。

不可或缺的一是書店，因爲不管是什麼志業的北京波希米亞人都是要看書的。八〇年代中九〇年代初，除新華書店等老系統外，有意思的只有一家書種不多的三味書屋和出版社附屬門市店，幸虧後來東邊有了三聯韜奮書店、西邊有了萬聖書園，加上外文書店、新華書店的改進、風入松、國林風、和其他民間書店書網的出現，潤澤了北京的文化大環境——當然還缺了台北誠品那種一家店提升了一個城市形象的超級優質書店。

二是電影DVD（之前是VCD）和音樂CD，因爲不管是什麼趣味的波希米亞人都是要看電影聽音樂的。北京影迷和歌迷的見識和品味能跟世界不脫節，全靠這種偶然性很強、亂中有序的制度不完整。它要求你在北京尋尋覓覓，並以僞劣假冒來考驗你的耐性、懲罰你的癡愛，也讓你有吃廉價禁果的滿足。如果執法效率提高，或一切跟了美國人那套國際授權做法，北京的選擇將嚴重收窄。

到新千禧前後，北京如磁，喜歡波希米亞感覺的人，或有志文化藝術學術傳媒者，似更願留京或進京，加上回國的成名藝術家作家學者和海歸、熱愛北京堅決不走的老外、不愛上海愛北京的港澳台另類，令北京文化氛圍更多元，是名副其實的全國文化中心，也帶動確立了北京是中國波希米亞首都的地位。

至此，在文化這一環上，北京可說是替代了今天的上海而去繼承了二〇、三〇年代上海在全國扮演的海納百川角色。

也因更多元更多載體，體制與市場空間的進一步消長，衍生了有別於前的波希米亞新轉向——波希米亞作爲生活。

## 「格」與「洋氣」

大概九〇年代中開始，北京的小酒吧開始變多，很多創意行業也風騷起來：特色餐館、現場演出酒廊、電子舞曲俱樂部、電影咖啡館、茶藝館、室內設計、平面設計、工業設計、建築、傢俱、擺設、商店、商場、廣告製作、包裝、活動展覽、商業攝影、多媒體、動漫、網吧、講究設計的雜誌、免費城市指南、化妝髮型、時裝……。

這些生活工藝的商業性較強，面向市場競爭，也要交出創意成績單。如果先鋒藝術眞的是對學院沙龍和媚俗商品的「顚覆」，搖滾樂是對社會的「反叛」，現在這些生活顯藝則強調拿出「替代」，或說是爲生活提供選擇。

另外，電視、廣播、報紙、雜誌四大媒體、廣告、公關、新媒體和網路等行業，北京都很強或最強，頗大程度上受益於北京是中央所在。這些行業及其衍生的上—下游提供了就業和外派工作機會。

北京波希米亞人的生活世界更成形。

由在北的亮馬河，沿三里屯北街往南，過工體北路，到三里屯南街一帶，是北南一條線，再由工人體育館西門，沿工體北路，過東三環長虹橋，東至朝陽公園西門和南門，是西東一條線，整個是時尚但隨和的波希米亞餐娛區。

最新成氣候的則是前海、後海的環水酒吧餐館圈，沾了自然景的便宜，別有波希米亞風味。

把工廠貨倉改成辦公室和住家更是善用北京的資源。

北京在五十年前是一個跟巴黎同大小的完整歷史名城，很可惜經歷了五〇年代拆城牆、拓廣場、劃大院和九〇年代以來的建環路、搞高樓、切大盤、攤大餅後，基本上已沒法看了。北京市區的規劃是一錯再錯，整體而言以後怕也回天乏術，居民將為過去和現在的所為付出代價。

現下，除了已受保護的文物和三十片舊區胡同塊外，值得保留的只剩些西城的大院、零落的老民居街區、少數政府樓和數量更少的洋房、和那些其實是風格上末流但現在只能當寶的蘇維埃式建築物。

還有什麼好建築沒有。建國後的許多廠房，都建得非常堅固，完全是功能主義，暗合歐陸現代主義。現在，市區裏的工廠大多已搬走或停工，只剩下空廠房，如能保存而不拆，不只是建築的遺產，更可轉化為北京的特色、文化的財富——交給波希米亞人做廠房生活特區就可以了。

最近，位於市區東北的大山子、六〇年代東德人建的廠房，向外招租，一下子搶光了，開畫廊和演出場地，做辦公室，甚至改成波希米亞人住家——其中有一家在自己六米高的客廳練射箭。

另一種可以改造的是糧倉，當年爲積糧防戰，在屬北京市的幾個郊區建倉，特別是通州，以前是運河的終點，稱「天下糧倉」，那裏可以看到富建築特色的糧倉群，離北京不到一小時車程。

北京的波希米亞族群很愛搞這種專案，因爲他們就是喜歡「格」。

「格」是北方俚語，有時寫成「嘎」或「個」或「各」（各色），但我認爲用「格」這字也頂有意思，是個褒多於貶的字，意即有個人主見和特色、性格、格局、格調、風格、出格、夠格、格式。

上文我說王朔小說裏的痞，是後來北京波希米亞的格美學的濫觴。而外地漂到北京來的文化人，大都較有個人想法，不然不會來，再結合了京痞，解釋了爲什麼北京特別崇尚格。

本來，帶有優越感的北京出生的人，和有抱負的外地漂來的，私下都有分，互相有點羨慕但更多是看不順眼，卻在「格」一點上一致。

波希米亞當然要「格」，不然當白領、小資、中產算了。

（「波希米亞」這詞，由最初的一個中歐地名，到流浪的吉普賽，到十九世紀在巴黎逐漸蛻變出來的現在的意義，身分往往是跟混文化藝術創作有關，姿態是反叛、浪漫、格，崇尚的是自由、解放、想像力、心身並重和潛能發揮，生活是要跟大眾的主流、社會的常規、中產的拘謹有區別，不屑的是物質主義、歧視、不公、爲符合社會期待的按步晉升制、統治階層的儀軌等等——那僅是一個供意會的表相輪廓，當中有許多歷史變奏及內在矛盾。）

「格」的人往往有自以爲是的一面，是有個性、是會搞出個與眾不同的名堂，但常失諸粗枝大葉，裝「大剌剌」，而且還自我感覺特好、覺得自己的亂來特有道理。

所以北京在外地人眼中特別糙。

近來，北京人用「洋氣」作稱讚詞，跟「格」產生一種張力，一種我認爲是好的互動。

我注意到用「洋氣」這詞的人以女性居多，而同時我看到女性藝術家、作家、樂手、表演者、波希米亞人和其贊助者、經理人，漸在北京這個大男人地方——哪怕是波希米亞圈子——受到尊重。我也察覺到，較陰柔的美感在生活工藝，如餐館、設計、傢俱、服裝、雜誌等領域出現，而因此細緻起來，雖然離全面的精緻仍很遠。

以前北京波希米亞接受的不羈的美是男性化的美，糙是陽剛的糙。有說北京是男性，上海是女性，如眞這樣，兩者都不值得驕傲。

波希米亞當然應精緻時可精緻，如果巴黎是啓示的話。成熟的波希米亞有什麼不敢，誰會怕雌雄同體？

其實，是在建國後北京才獨崇雄偉，男性化，不愛紅妝，才變糙。旗人和老北京的玩意、曹雪芹的小說、齊白石的水墨、梅蘭芳與京派京劇、「眞正老京派」周作人和他及京滬文人共崇的晚明小品，皆細緻雅趣。今天的波希米亞宜辯證地反思、批判地繼承上世紀的兩個先後傳統。

北京波希米亞也擺脫不掉洋氣。搖滾樂和先鋒藝術不洋是什麼？由美學到價値觀都洋得可以，就算那樂手或藝術家根本不懂洋文。搞廠房生活洋不洋？吃雲南菜和吃越南菜，都夠洋。

那麼北京文化會給外來文化佔領嗎？那不會，北京有這麼大的一群又格又以創作爲命的人，應比全國任何其他地方的胃壁更堅強，更能消化、更能做文化反饋。

上海現在洋氣，可是上海人不格，也沒有龐大的波希米亞隊伍。這是現階段京滬文化關鍵之別，上海摩登，北京既前又後跑不掉摩登，但上海小布爾喬亞，北京波希米亞。

洋氣不用怕，北京波希米亞人要洋爲我用。

這是我選用波希米亞這個音譯洋詞的原因，主要是想跟現有形容北京文化的詞有所區隔，以利補足以至更新北京想像。

## 到底有沒有新京派這回事？

有了上面的陳述，我相信很容易說明，爲什麼用上波希米亞而不用新京味和新京派。

京味是指旗人和老北京的生活文化味，當代文學上公認以老舍的小說爲完美代表。老舍在六二年被逼停筆，之後在「文革」期間全國人民在公開情況只看一本書八個戲。新時期開始，壓抑已久的京味小說立即復活並爆發巨大能量，七九年鄧友梅的《話說陶然亭》在京一炮打響後，一群不同年齡代的優秀作家似有共識地重站在巨擘老舍搭的台上，鄧友梅、汪曾祺、陳建功、蘇叔陽、韓少華等，佳作紛陳，顯示京味小說家的共同實力，也是一類文學風格難得集中的一次匯演。

就本文而言，特別一提的是京味小說家中，陳建功的《鬈毛》寫的題材是新的北京市民型態，預告了王朔，並會同了風格各異的「中央軍」作家王蒙、劉心武、張潔、湛容、從維熙、史鐵生、劉震雲、柯雲路、張辛欣、桑曄等的作品，勾劃了新時期人的新狀態。王朔的新京味小說出現後，新人類的人生姿態和痞的美學遂過渡構成今天北京波希米亞的部分底蘊意識型態。

不過重點是，宗老舍的京味或土痞的新京味，都不足以挪借來形容本文所說的多載體、多元、洋氣的北京現象，故必須另用新詞「波希米亞」。

狹義的「京派」一詞在學界已有約定俗成的用法。

北平在上世紀二〇年代中以前，一直是全國文化首都，五四期間匯集最多全國作家和學者的地方就是北平，更準確地說是北平的大學。

一九二八年國民政府遷南京，加上出版社和文化傳媒機構相繼南下，氣氛大變，北平讓出了中心地位，卻為留在大學的文人，換取了幾年現在大家緬懷的相對恬靜的故都歲月。

現在說的京派，就是指當時從各地進北平之後、三〇年代仍留在北平各大學的一群文人。

他們多有學者教授身分，魯迅說的「在北平的學者文人們，又大抵有著講師或教授的本業」。這批文人那時期寫的小說，不管是不是寫北京，皆是京派小說，文學史家嚴家炎說的京派小說是指「文學中心南移到上海以後，三十年代繼續活動於北平的作家群所形成的一個特定的文學流派」。

這大概是時人的狹義共識。再挖下去就看到根深柢固的意識型態壁壘。

一九三三年京派的代表人物沈從文在他主編的天津《大公報》文藝副刊寫了〈文學者的態度〉，掀起了京海論爭，加上他翌年的〈論「海派」〉和〈關於海派〉，我們知道他把海派的職業界定是「寄生在書店報館雜誌期刊」，而作風是「名士才情與商業競賣相結合」，「投機取巧」、「看風使舵」。

他舉例說：「如舊禮拜六派一位某先生，到近來也談哲學史，也說要左傾，這就是所謂海派。如邀集若干新斯文人，冒充風雅，名士相聚一堂，吟詩論文，或近談文士女人，行爲與扶乩猜詩謎者相差一間。從官方拿點錢，則吃吃喝喝，辦什麼文藝會，招納子弟，哄騙讀者，思想淺薄可笑，伎倆下流難言，也就是所謂海派。感情主義的左傾，勇如獅子，一看情形不對時，即刻自首投降，且指認栽害友人，邀功牟利，也就是所謂海派。因渴慕出名，在作品之外去利用種種方法招搖；或與小刊物互通聲氣，自作有利於己的消息……或借用小報，去製造旁人謠言，傳述撮取不實不信的消息，凡此種種，也就是所謂海派。」

不過，沈從文補充說：「海派作家與海派作風，並不獨存在於上海一隅」，在北方也同樣存在。

可見沈從文基本上用自命正派和認眞的作家身分，站在道德高點批評被認爲有問題的文人行爲，對象包括左傾文人，而不一定限於上海的文人。沈還明確地把茅盾、葉紹鈞、魯迅及大多正在上海從事文學創作及雜誌編纂者（除吃官飯的作家在外），排除在「海派」之外。

當年俞平伯、周作人、沈從文等京派作家，雖與北方左聯共存，但立場較獨立，帶民主傾向，又因依附學院，自有後來一再被談及的「學院派的風采」，帶士大夫氣，注重學識，歷史感強，不求流行，看不起商業，看不慣「寄生在書店報館雜誌期刊」的文人的浮誇招搖。

魯迅卻不買沈從文不把他歸在海派之列的帳，用「欒廷石」筆名趁機打擊京派和海派，無視沈從文是用海派這詞來描述某類文人的行爲。魯迅說：「居處的文陋，卻也影響於作家的神情，孟子曰：『居移氣，養移體』，此之謂也。北京是明清的帝都，上海乃各國之租界，帝都多官，租界多商，所以文人之在京者近官，沒海者商，近官者在使官得名，近商者在使商獲利，而自己也賴以糊口。要而言之，不過『京派』是官的幫閒，『海派』則是商的幫忙而已」。

魯迅才眞的是把京海兩地作本質對立，而自己卻能不受居移氣地抱著超然的態度，既貶他認爲幫官的京派，又罵幫商的海派，用的是當時的左翼進步立場。

京派爲何惹了左翼？是因爲埋首寫作和做學問，不積極政治，即曹聚仁指控的「京派教授則以學問作掩護」。

曹聚仁說：「知道不能掩飾了，索性把尾巴拖出來，這是『海派』；扭扭揑揑，還想把外衣加長，把尾巴蓋住，這是『京派』。」

魯迅也說：「但從官得食者其情狀隱，對外尚能傲然，從商得食者其情狀顯，到處難於掩飾，於是忘其所以者，遂據以有清濁之分。」

京派那自我感覺良好的學院派的風采，正是魯迅所奚落的從官得食，對外尚能傲，京海之別，一隱一顯，一清一濁而矣，清高的京派被打成與商業俗氣文人爲一丘之貉，眞令京派始料不及。

以前的京派可能是幫當權者，但到三〇年代政治中心已不在北京，這些留京的文人教授，想幫官還幫得上嗎？

魯迅說：「前年大難臨頭，北平的學者們所想援以掩護自己的是古文化，而唯一大事，則是古物的南遷，這不是自己徹底地說明了北平所有的是什麼了嗎？」

魯迅的邏輯大概是：不正面反對就等於幫當權官方，國難當前，還只顧保護文物，是政治不正確。

京派依學院倡文化而鄙商業，魯迅以泛政治來詬病京派只搞學術文化，而京派和魯迅皆有清濁之分別心。

上面介紹的定義和論爭，仍是大多數論述說起京派的時候，對京派的核心想像。由這角度看，今日的北京，從上海手中接回了文化中心的名銜後，既有學院派的風采，也更有書店報館雜誌期刊的商業競賣，是沖亂了三〇年代京派的京海二分的自我界定。

或者說，現在北京的文化工作者的整體處境，是越來越不像當年的京派，而是越來越接近當年的海派——沈從文是對的，海派是可以在北京的。

因爲京派這詞有這麼多歷史含義，我不想隨便用上新京派來說現階段北京文化，而把京派的原義混淆，因爲嚴格來說，現在的狀況，本地人加外來者，學院風采加商業競賣，又幫官又幫商，應是昔年的京派加海派的京海派，若硬要放個「新」字在前面，倒應該說是「新海派」更貼切，也更能繼承先前的爭論脈絡，否則何必用上一個「新」字。

其實，還有一個用得上「新京派」這詞的進路：在文字文人的京海論爭之前，京劇界裏已有「京派京劇」之說。另外，許多載體、類型、行業都有京派：盆景、鼻煙壺、話劇、水墨畫油畫、連環畫、印刻、臭豆腐、旗袍等。我們可以恢復京派這詞原有的多元多義，從而鼓勵各載體、類型、行業在各自基礎上突破，創造和想像該載體、類型、行業的新京派，讓我們有很多局部範圍的新京派們。

譬如問：文學有了新京味，但有沒有新京派？

有說當代文化中存在著一種「京派」傳統，繼承著俞平伯、知堂的士大夫氣，強調道德文章的重要性，不同於老舍、鄧友梅的京味的平民世俗特徵。有人把汪曾祺、楊絳、張中行等列爲「京派」，把陳平原、王世襄、林斤瀾、季羨林、馮亦代、舒蕪、徐城北、谷林視爲「新京派」。有認爲凡北京的大學裏的人文學者，都算新京派。

這樣的新京派定義，某方面忠於原來京派之說，卻容不下其他風格的在京作家，由阿城到石康到尹麗川再到劉索拉。

不論能否成功地建構出文學的新京派，北京文化及其中有波希米亞特色的一支，包含的載體、類型、行業之多，遠非三〇年代可比，而文學以至文字文化只是其中一元，且已被「去中心化」，不能包辦其他載體、類型、行業的話語，以自身的特性代表全體北京文化。

現在北京社會也多樣化：你幫官，我幫商，老子誰都不幫，只幫愛我的女人，而小子也誰都不幫，只喊一句：別惹我。

今天的北京波希米亞，能挪用的想像，是三〇年代京海文人沒有的。新時期是引進了很多波希米亞資源，如戰後巴黎知識份子和咖啡館、垮掉的一代、嬉皮、搖滾、龐克、嘻哈、電子舞曲、抽象、波普、極簡、概念、裝置和行爲藝術，沙林傑、昆德拉、村上春樹、後現代、女權、同志權、歐洲電影、SOHO廠房生活、傢俱室內設計、異國餐館、異地民族服飾、上網、背包旅行，出國短期旅遊等。

當然，上世紀的前一半也有徐志摩、凌淑華與布魯姆斯伯里兩代人的關係、梅蘭芳會布萊希特、邵洵美的女友是美國女作家等佳話，但對那代文人來說，雖身爲美麗年代巴黎和二戰前格林威治村的同代，卻反未能廣泛體現彼邦的波希米亞主義，一是時代距離太近，二是通迅慢，三是想像被綁架，家國多事，時代太倉促，這些傳承中斷要到現在才重拾起。

在想像各異、多載體、多類型、多行業的今天，作爲文化中心城市的北京，是不太可能出現代表全體特性、英語所說的「大寫的」新京派，只可能有各載體類型行業相對自主的內部規律分出來的、或調揉多個載體類型重組出來的、「小寫的」新京派們。

不過，在「後宏大敘事」的時代，還是可以提出一些能凝聚敘事、啓發想像的中範圍喻念如波希米亞——新京味和新京派能啓發想像，但限於敘事已有特定性，不夠廣；而光說北京文化或新北京文化則失諸太廣，敘事含糊，想像的啓發性弱。或許以後會有比波希米亞更適當的詞。

## 文化盛唐？

現在，北京文化有官味、商業味、學院味、京味和波希米亞味之辨，但氣味，是浮移不確、互相滲透混揉的，最終是一種體會而不是用文字可以鎖定的。

這些氣味能共存，特別是商業和波希米亞的扎根，說明今天的北京終究是跟以前不一樣，也反映了中國的政經社會的大氣候。

所以，用軍國的暴秦來喻今日中國，顯然是落後於形勢，是開倒車，是在破壞中國在全世界人民心目中的形象。現實和人心皆已超越了秦國人的文明，中國實不該繼續捧秦。

大家要防的，倒是暴秦的回潮。

若真的要以古喻今，政局上，學界在看晚清及共和早期，然文化上，似宜調用盛唐爲今後中國形象的主喻。

盛唐不是一天建成的，是要累積、要官民共同努力、要改革開放。現在的環境，平心而論，總地來說比建國以來任何時間都好。

難得的是有了北京這樣集中了巨大資源和人才的大文化場域。若從過去二十年的成績來看，北京大場域的各亞場域中，波希米亞的一塊是值得我們期待的，雖然發展仍將是迂迴曲折。

北京的文化隊伍，有一大塊是民間的，即所謂體制外的，不屬於國家單位編制內的。不過我們不要忽略，更大的一塊是體制內的。兩者之間的關係有互相合作、滲透，也有各做各甚至互相抵制，不一而足。

以最具波希米亞特性的搖滾樂手來說，大概絕少是體制內的，不過要出專輯，仍得問國家音像單位拿個出版號。

在油畫界裏，協會、學院、國家展覽場地和評職稱等四大關鍵，仍掌控在體制內一撮人的手裏，他們攏絡的畫家，可能跟境外吹捧的那些畫家截然不同，前者擋不住後者的崛起，後者也沾不到前者的官方資源。

在學界新聞界，很大一部分人才是在體制內。

在另一些領域裡，如電視、影音、報刊、書籍出版等，領導層必屬編制內，其中不乏人才，民間則必須依附體制以達成合作。

或許大部分波希米亞人是自由人、或在民間任職，卻仍跟體制有著或深或淺的關係，這是國情。

不過，面對市場競爭，體制內藝文傳媒單位若發覺資源或編制內人才不足，也要借助民間和業外的資源和人才，這還是大勢所趨。

整個文化及創意產業，不管是體制內外，都受政策的牽引，而政策制定者要配合國家任務，又要兼顧利益，但最終要接受是否做到三個代表的檢驗、符合人民利益的考驗，這些內部外部因素，推動著政策的演變，是左右大陸文化及創意產業發展的一大關鍵。

對各方文化參與者來說，爭論的是什麼能說什麼不能說、什麼能做什麼不能做、什麼能投什麼不能投——如何與政策和市場共生共贏。

市場是另一奇怪吸引子，它與波希米亞文化之間無可避免地存在著一種曖昧的緊張。

北京的波希米亞特質，是城市的一大風景，是能替北京創匯的寶貴資產，較有文化水平的官員今天看不出，明天也會看出。試想巴黎抹掉了它的波希米亞過去，那將是如何的失色。

社會日益富裕，市場做大，生活工藝如設計、時裝、餐娛越蓬勃，商品越多，品味是會在某些領域有所提升，某些「刻奇」（kitsch）媚俗產品反可能受唾棄，人們也不會滿足於只吃麥當勞，這是所謂消費者驅動的市場細分。當然，一個穿衣品味很好的波希米亞人，不等於他看現代詩的品味也同樣地好。

市場化也明顯地搞活了電視劇、綜藝節目、都市報、時尚雜誌、書籍出版、廣告、精品店、旅遊等。這些載體、類型、行業不只是現代社會必備，還養活了不少波希米亞人。

但市場也的確常會出現惡幣驅逐良幣的現象，很多有文化價值的活動和機構，若完全把命運交給市場，是會活不下去的。連在香港這樣的城市，政府在二〇〇二年用二十多億人民幣等值的納稅人的錢，去養活交響樂團、中樂團、芭蕾舞團、話劇團等藝術團、演出場地、博物館和圖書館等等。極端如美國，聯邦政府極少撥款支援文化，責任交給了地方和私部門，先是依賴市場機制（幸好國家大內部經濟規模夠），其他市場養不起的，靠非牟利組織、富豪捐贈的基金會和私人捐款支持。可見市場不是萬能，但沒有它或全靠它都是萬萬不能。

北京的很多體制內文化機構，國家已不撥款，既缺私部門的贊助，也調動不了市場，唯擁地的發展地，有批號的賣號，本業只能冬眠，讓成員化整爲零到私部門自尋出路。到現在這種青黃不接的狀況還看不到走回良性迴圈的軌道上。我看到舞蹈學院、美院、樂團出來的人，沒法在本業一展所長，雖說波希米亞人應準備挨餓，到底令人神傷。

北京旅美作家查建英九〇年代初在她的英文著作《中國波普》裏已指出，九〇年代初北京的前衛藝術家已在懷念八〇年代末（當時大家把思想和藝術當作回事）。

然後商品大潮一往無顧地往前衝，前衛藝術家覺得自己被拋在後頭，人文知識份子感到被邊緣化，樂手問自己是不是在妥協，波希米亞陣營出現內部分化。

在上個世紀歐洲，文化前衛與政治左翼有走在一起的時候，也有誓不兩立的時候——由二〇至八〇年代，大部分情況是後者，是當權正統不容前衛，倒是前衛往往視反布爾喬亞的左翼爲同路。另外，極右政權也扼殺前衛，但上世紀也偶會出現向極右靠攏的前衛如義大利未來主義。讓前衛活得最好的，是那些相對自由和寬容的時空。前車可鑑，文化前衛不必強逼自己追隨某類政見，倒應用心維護自身賴以創作和生活的資源，和那支援自己積習、渴望和同路人的場域。

波希米亞的存在本身就是意義。試想想北京沒有了波希米亞，將是多秃、多蒼涼。小地方如新加坡、香港以政商壓縮波希米亞，尚見其弊，一個大國，在建設現代化的路上，若不能同時開拓波希米亞的空間，那條路一定是有問題，人道代價一定很大：自殘自毀如納粹德國和軍國日本，乏味如五〇年代中產美國，作繭自縛如前蘇聯。我們走到這步，終孵化了北京這樣規模的波希米亞場域，是國家祥瑞之徵，讓我們的現代化不再只傾斜於某單一維度，現代化的多面性價值可以並存，現代化的選擇能夠體現；北京波希米亞既是全國其他現代化的他者，也內在地豐富了全國的現代化，並因是獨一無二，更要珍惜。

在北京常聽到一句很犬儒的話，貶某作品「只是一件商品」，這種思想短路，說了等於沒說，因爲的確很多能流通的作品都帶有商品性。《讀書》月刊靠發行收入，有商品性，但不只是商品，裏面寫文章的人甚至有的並不是爲稿費而寫。藝術家要賣作品或自己行爲的紀錄、學者作家要售文，大家都要改善生活，重點不在賣和不賣，而在東西有沒有意思。

宣言的年代已過，一切堅固的都化成氣，寄生在學院畫院也好、書店報館期刊也好，本身沒清濁之分。這是載體平等年代，再不能以固定的藝文類型、雅俗、高低、量產不量產、流行不流行，來定作品的好壞。

但這不等於沒有標準。除了政策和市場外，創作者是不斷受前代和同代行家的積習、成績和月旦所影響，或附和、或擦邊、或突破，不然就自我放逐。從布迪厄的社會學來看，行家密集的大場域如一八三〇年以後的巴黎，是最能不斷制定和刷新內部評價標準。在今日中國，要看北京。

美國《新聞週刊》的通迅員慕亦仁在北京問我，爲什麼「布波」（BOBO，布爾喬亞波希米亞）這詞在美國其實沒什麼人說起，在北京卻成了時髦詞。我想是這樣，北京本來就多波希米亞人，是大家都認知的事，人多就細分，有的波希米亞人先富起來了，有些高消費力的人也波希米亞化，既有舶來新詞，就順勢接受以對號入座，才有可能一下變時髦詞。重點是先有了波希米亞族群，人多，才能搞分辨，而這種求創意、崇尚個性的不穩定另類，是必然分分合合。布波外，還可以有底層波希米亞（用subaltern這字的話，可叫SUBO）、商業波希米亞、媚雅波希米亞、崇洋波希米亞、戀華波希米亞、唯美波希米亞、唯糙波希米亞、前衛波希米亞、古典波希米亞、學院波希米亞、民粹波希米亞、進步波希米亞、頹廢波希米亞、知識份子波希米亞、反智波希米亞、政治波希米亞、非政治波希米亞、暴力波希米亞、不暴力波希米亞、民族波希米亞、無國界波希米亞、時尚波希米亞、反時尚波希米亞、新紀元波希米亞、cyber波希米亞、另類生活波希米亞、隱性波希米亞、假波希米亞、波希米亞名士、波希米亞痞子、波希米亞君子、波希米亞瘋子、波希米亞才子，波希米亞混子、波希米亞老外⋯⋯，聽起來幾令人聯想起文化盛唐。

（二〇〇二年）

# 城市建設與創意產業

## ——北京朝陽區文化產業規劃

我在北京前後已經有九年，一直都住在朝陽區。

大家都知道北京很有文化，多少百年來老祖宗的東西，加上上世紀至今的當代文化和有關產業，都大規模地匯集在這裡，這毫無疑問是北京的一大財富，也可以說是北京的幸運，以致不管我們怎麼毀它滅它，它還剩下太多太多有意思的東西，不管我們在過去犯了多少有意無意的錯誤，它依然是華人世界的文化首都，依然吸引著最多的創意人才，依然是最有條件發展文化創意產業的地方。

或許我們可以做得更好，但今天在朝陽區的研討會，我就不談政策法規體制、不談文化創意產業的改革，當然這些也很重要，但不是今天要談的。今天，我只集中談一個對創意產業來說可以說是隱藏的命題，就是城市或城區的建設，如何可以更適合創意產業。

現在看，就創意產業來說，朝陽區也是幸運的，中央電視台要搬到朝陽區來，估計將有以千計的電視有關企業也會搬聚在本區，製作公司、後期工作室、廣告代理、私人作坊，加上北京電視台也在本區，朝陽將是中國電視業的中心，地位無可替代。加上既有的報業、其他媒體和文藝團體、院校，給了朝陽區很大的文化產業優勢。

朝陽又因爲是使館區、首都機場與建設中的奧運村所在，加上商務中心區、展館、高級商廈和高檔住宅，使朝陽變得很洋氣。如果北京是一個世界城市的話，其中很多印象大概是來自朝陽區的。可以想像，許多廣告公司和文化傳媒外企都會選擇在朝陽落腳。

近年，本區大山子那邊的798工廠，部分出租，吸引了藝術家和咖啡館的進駐，漸成規模，聚集眼球人氣，連歐美媒體都爭相報導，豐富了北京的世界城市形象，更大大地充實了朝陽區的波希米亞文化內容。

朝陽區的文化優勢很多，我打算在這個基礎上，說明怎麼樣的城區建設，或者是不建設，才更適合創意產業的持續發展。答案對有些人來說是違反直覺的，但對另一些人來說是再明顯不過的。簡單而言，我想提出三點：

一、混合城區比全新城區更吸引創意人才：這裡包括城區功能的混合、階層的混合、建築物年代和價格的混合。

二、有本地色彩的城區才算是世界級的創意城區。

## 三、地域營造（place-making）比個別建築物更重要。

創意產業除了大企業外，還有數目更多的小公司、小工作坊和自由職業者；除了高薪資管理者之外，也有更多薪資偏低或初入行的編寫人員、設計師、多媒體工作者、行政助理（清潔工、盒飯提供者更不用說）。在一個混合城區，一個年輕創意工作者可以在一個舊居民樓找到租金較低的房子，離公司只有步行距離，可以晚點下班，因爲不用花太多時間在交通上，他們可以在附近的舊大廈內，找到一個教多媒體技巧的小工作坊來進修，旁邊小巷內還有一家小咖啡館，放著很多雜誌，飲料收費低，喝一杯可待整個晚上，並可踫到很多志同道合的年輕人。如果一個城區在一個大範圍內只有新的高檔房子，上述人等與小企業都活不下去，或要搬到城區邊緣的睡眠小區和農村，甚至搬離城區，那麼，創意產業的原創性、多元性、互補性與持續性都會受損。

要保持功能和階層的多樣性，一個城區必須有不同價格、不同年齡的建築群。反過來說，如果不同檔次、有新有舊的房子能緊湊併貼在一個區，那麼只要政府放鬆功能限制，界定產權容許租售，該區的階層混合和功能多樣化可以說就能市場化地慢慢自然形成。故此，關鍵在區內房子的組合。

全新城區在文化上是同質性較高的，故此也是較單調的。反觀那幾個大家耳熟能詳的創意城市如紐約、倫敦、巴黎，都很重視既有的本地色彩。關鍵不只是保留文物建築和歷史區域如北京四個老城區的胡同片，更強調保育朝陽區也不缺的、已成形的舊社區和整片的現存建築，哪怕是只有五十年、四十年、三十年、二十年、十年的所謂普通的居民房、舊街、老商業樓。那不只是審美和情感的偏好，還有很實在的需求。並不是說城市的房子都不能拆，眞的危房與先天不足的簡易房、平房更應該拆，但我們的態度應是留舊添新，在舊街區盡量避免整片拆建，漸進地改良成熟社區，才能兼顧本地與國際。多元並存，有機混合，是保育創意人才的城市建設法門，這是很有難度的，並不能聽由發展商的意願辦事，必須有遠見的政府作出引導和規範，前題是政府要有這樣的識見，否則將比發展商獨力而爲更糟糕。

全是新的同期建築的城區，往往不如混合城區有文化特色，而有創意的人最怕什麼？最怕沒特色。

創意產業是人才產業，創意產業落腳的地方，也應該是創意人才願意待的地方。要創意人才對一個城區有認同和親切感，願意長期生活在其中，那城區一定有些區域經營得很好，很有生活味道，這不是一兩幢地標建築或一兩處文娛設施的問題，而是整個社區、街區以至城區的問題，是地域營造的問題。

我想，你要是能在一個較大範圍的區域內進行你喜愛的活動——逛街、購物、閒適、會友、娛樂、學習、居住，甚至工作，基本上可以靠步行完成多種功能的綜合目的，那你自然會對該區有歸屬感，甚至愛上此區。

這就說到我對北京的抱怨，就是越來越少可以大面積穿行漫遊的的綜合區域。北京如一個奇異的沙漠，佈滿單一功能的綠洲，或名爲「飛地」（enclave）。但顧名思義，綠洲與綠洲之間是相隔的，是不鼓勵你徒步穿行的，中間都是沙漠，就算做了中看不中用的景觀化，仍然是城市學界所說的模糊地帶、沉悶地帶或失落空間，幾乎每次去一個飛地，只爲了完成一種功能，然後你就要再搭一次車去另一個飛地。這是一種浪費空間時間、浪費能源的城市型態，而且無法使人對任何一個地點產生親切的生活感與歸屬感。

建築學者張永和稱這樣的北京爲「物體城市」，他說物體不會自己組成一個城市，城市肌理被割裂，城市即將消失，剩下的只是物體。

現在，北京有像樣的物體，即個別場所與建築物，包括商場、寫字樓、住宅、餐館、公園和公共設施，以飛地形式散佈全城，但很少有整片有連續肌理的生活地域。

這就是爲什麼798工廠區這樣的小自發區域值得我們珍惜。

地域營造是一種城市建設的藝術，但不是無軌電車，是有一些基本技巧的，譬如說街區要小、路網要密、馬路不要太寬、鼓勵步行、混合功能、建築物不要太龐大而應符合人的尺度（human scale）、商業區建築物最好形成緊湊「街牆」（street wall），即在馬路同一邊的各建築物與馬路的距離最好保持一致，而不是爲了突出自已、各自爲政、左凸右凹——在遵守街牆原則的前題下，建築師和發展商其實仍有很大的空間去發揮個別建築的特色，如曼哈頓、三藩市、巴黎、阿姆斯特丹鬧市成熟商區的佈局。

在朝陽區的商務中心區，我們終於看到密路網，路面的密度是北京市平均的兩倍，因爲路網密，街區也就比較小，有些橫向馬路也比較窄，加上相對的混合功能，希望可以鼓勵步行，讓整個區的街道有行人，甚至晚間仍有人氣。可是，它沒有要求各建築物緊湊貼近，共同去形成街牆，而是各自表述，自顧自精彩，很多大樓都沒有面向街道的商店，這將減低大家的步行意願，尤其在大太陽天、下雨天、下雪天——沒有緊湊街牆也就無法提供實用的連綿有蓋人行道。

最令我不解的是藍島百貨往西到豐聯廣場一邊的商業街，大部分由朝陽區政府的有關企業統一開發，卻不考慮街牆，各建築物體隨意凸凹，行人道高低不一，過馬路要穿低爬高，就是不讓你好好逛街。

其實這責任不完全在個別發展商和只想突出自己作品的建築設計師，除了要看政府規劃部門懂不懂提要求外，北京早該反思的城市規劃指標，包括建築覆蓋率、容積率、日照間距、退紅線等，加上主要馬路太寬而路網卻遠遠不足的歷史遺留問題，都使得一個緊湊步行城市變得不可能，而只能造就要依賴私人汽車的飛地城市或張永和說的物體城市。

另外，市政府和區政府在建設城市的時候，可能也沒有把營造生活綜合地域作爲優先考慮。

這兩天我們知道朝陽區的雄圖大計，如八大文娛主題園區和產業密集園區的建設，相信將進一步成就朝陽區以至北京作爲景觀城市、嘉年華城市、文化體育娛樂中心、創意產業節點的地位，確實令人興奮，我這裡補充的是另一種願景，屬於宜居城市、可持續城市、和諧城市、有連續肌理生活城市的想像，我不敢代表創意階層，我只相信如果朝陽區終有一天能營造出一些讓我們能穿行逛街、有社區氣息、感到親切和有歸屬感的生活地域，很多在朝陽區居住的創意工作者都會對此感激不盡。

（二〇〇五年）

楚浮

## 【輯四】這些人，那些書

兩條路徑當前，我曾做選擇，也和眾人一樣，選過較幽的徑，每每只是看不透，起了步，待知道是難行道也回不了頭。我就是不慎看了幾本書，被罰走了三十年的幽徑。那幾本都是台灣書，時為一九七一年下半年，我大學第一年。

# 坎普・垃圾・刻奇

## ——給受了過多人文教育的人

楚浮（François Truffaut）在當導演之前是影評人，他的影評集叫《我生命中的電影》，書的開始引用了亨利・米勒（Henry Miller）《我生命中的書》的一句話：「這些書是活的而且它們在跟我說話」。楚浮評論集談到的是一些跟他在說話的電影、他生命中的電影。當年——上世紀七〇年代末——我讀到楚浮的影評集，覺得裏面的影評在跟我說話。

某些電影、某些書，好像一直是在某處等待，等你去看，等著跟你說話。

文章也一樣。我是要到了一九七〇年代中，才看到本文將提到的兩篇一九六〇年代的文章，它們像是在跟我說話，爲當時的我而寫，直觀地感到在解答我朦朧的求索，如生命中其他重要的文章、書和電影一樣，你如獲灌頂，如開天眼（「如」而已，並且這經驗可以是眾數的），哪怕當時只是看個似懂非懂，卻成了解放你的思想的過程部分，不管文章本身是否經得起時間的考驗。

這兩篇文章是紐約知識份子蘇珊・桑塔格（Susan Sontag）的〈坎普札記〉（Notes on Camp）和美國影評人寶琳・凱爾（Pauline Kael）的〈垃圾，藝術，和電影〉（Trash, Art, and Movies）。

四十年前（一九六四），美國期刊《黨派評論》（*Partisan Review*）用了二十頁篇幅，發表了三十一歲、幾乎名不見經傳的桑塔格的文章〈坎普札記〉，該文章於一九六六年被收進桑塔格著名的文集《反對闡釋》（*Against Interpretation*），而該文集於二〇〇三年由程巍翻譯成中文，並經上海譯文出版社在中國出版。

〈垃圾，藝術，和電影〉刊於一九六九年二月的美國《哈潑》雜誌，後被收在凱爾一九七〇年的影評集《穩定往來》（*Going Steady*），並再被收進她的一九九四年影評精選本《供收藏》。〈垃圾，藝術，和電影〉發表時，凱爾已五十歲，才剛當上美國《紐約客》週刊每年九月至翌年三月、半年輪替的影評人不久。

一九九九年，紐約大學新聞系全體教授加上十七名外間評判，選出「二十世紀美國一百佳新聞作品」，上世紀是新聞學大盛的世紀，美國是新聞大國，名作如林，但〈坎普札記〉（七十四名）和〈垃圾，藝術，和電影〉（四十二名）竟雙雙入選，那一定是該群評判的偏愛，因爲兩文並不屬於一般認知中的「新聞作品」。如果選的是有影響力的文化評論或美學單一文章，兩文當選則該算是眾望所歸。

談論坎普和垃圾的時候，常會鏈結到另一重要美學觀念「刻奇」，爲此下文將引進另一著名文章作爲對比：克萊門特・格林伯格（Clement Greenberg）一九三九年在《黨派評論》發表的〈前衛與刻奇〉（Avant-Garde and Kitsch）。

坎普、垃圾、刻奇，這三個當代美學範疇，互有滲透，又往往被混爲一談，但若要保留三個範疇的有用性，最好還是把它們分得細一點。

以下是模仿〈坎普札記〉的體裁（是爲了致敬，並且是作爲一種寫作策略，而無戲仿之意），把文章分成五十八段札記。

1 坎普這詞，給中文用者很大的困擾。創意的譯法有田曉菲的「矯揉造作」、沈語冰的「好玩家」、董鼎山的「媚俗」（可能是借坎普與刻奇的近親關係）、王德威的「假仙」（台灣用語，指行爲上的假裝），但都只突顯了坎普某些特性而最終未能達意。本文選擇用顧愛彬、李瑞華、程巍等的普通話音譯：坎普。

2 桑塔格開宗明義說：世界上許多事物還沒有被命名，儘管已命名，也不曾被描述，坎普這個精妙的現代感覺即爲其一。感覺——配合英文可譯成「感覺力」——不同於思想，本來就難說得清楚，何況坎普並非自然的感覺——坎普是對某些非自然的人爲造作的偏愛。

3 在桑塔格之前，克里斯多夫・伊舍伍德（Christopher Isherwood）是少數用文字提到坎普的作家。在一九五四年的小說《夜晚的世界》（*The World in the Evening*）裏，伊舍伍德借一個叫查理斯・甘迺迪的角色，花了兩頁說：坎普是極難定義的，你要沉思它，用直覺感受它，像老子的道；一旦你這樣做，你會發覺無論什麼時候談論到審美或哲學或幾乎任何事情，你都想用這個詞。他強調一個重點：「你不能坎普那些你不認眞的事情；你不是在開它玩笑；你是從它那裏得到樂趣」。

可推想在上世紀中或更早，英美甚至歐陸城市某些美藝和同性戀的文化圈子已經愛用這詞，詞的源出（一說源自法國俚語 se camper，意思是擺出誇張姿勢，一說始於英國維多利亞時代）變得不重要，賦與的新涵義由小共同體約定俗成自我演變，成了共有的、祕密的感覺、審美標準、態度、行爲、經驗、代碼和身分認同，卻還沒有用文字來論述成爲知識。

4 桑塔格是第一個把不好說的坎普當一回事寫長文章談論的，哪怕用的是短警句形式的札記。三十二年後，桑塔格在《反對闡釋》的西班牙語譯本前言裏說，〈坎普札記〉是她鍾愛的文章之一，只是當初她是驚訝的，因爲人們認爲她是在談一種新感覺，好像她是這樣的感覺力的先鋒，她不能相信自己這麼幸運，在她之前竟沒人碰這題材——「我思忖，妙哉，奧登（W. H. Auden）竟不曾寫過類似我的坎普札記的文字」。她說自己只是把當哲學和文學的年輕學生時，來自尼采（Frederick Nietzsche）、佩德（Walter Pater）、王爾德（Oscar Wilde）、加塞特（Ortega Y Gasset）——《藝術的非人化》——時期及喬伊思（James Joyce）的審美觀點，延伸到一些新材料上。（桑塔格在以上引述中突然聯想到詩人奧登，可能是因爲奧登是伊舍伍德的密友。順帶一說，奧登與伊舍伍德於一九三八年曾同到中國，翌年出版《戰地行》（*Journey to a War*）一書，支援中國抗日戰爭，同年隨伊舍伍德遷居美國。）

**5** 坎普是：蒂凡尼燈、比爾茲利（Aubrey Beardsley）的畫、《天鵝湖》、貝里尼（Vincenzo Bellini）的歌劇、維斯康提（Luchino Visconti）導演的《沙樂美》和《可惜，她是一個婊子》、大猩猩愛上美女的電影《金剛》、舊飛俠哥登連環畫、一九二〇年代的女服（羽毛披肩、有流蘇和繡珠的套裝）、讓・科克多（Jean Cocteau）、拉菲爾前派的畫和詩歌、史特勞斯（Richard Strauss）的歌劇，但華格納（Richard Wagner）卻不是坎普。

十七至十八世紀初是坎普年代：蒲柏（Alexander Pope）、沃爾浦爾（Horace Walpole），但不包括斯威夫特（Jonathan Swift）、法國才女、慕尼黑洛可可風格的教堂、大部分的莫札特（Wolfgang Amadeus Mozart）。

十九世紀則有唯美主義、佩德、拉斯金（John Ruskin）、丁尼生（Alfred Tennyson），當然還有跨到二十世紀的王爾德。

法國的藝潮「新藝術」是「發揮坎普最完整的風格」。「新藝術通常將一種東西轉化爲另一種東西：例如花朵植物形狀的燈飾、弄成洞穴似的客廳。一個值得一提的例子是：在一八九〇年代末，赫克托・吉瑪爾（Hector Guimard）把巴黎地鐵入口設計成鐵鑄蘭花梗形狀」。

電影明星是很容易成爲坎普對象的，一種是性感得誇張的如珍・曼斯菲（Jane Mansfield）、珍娜・露露布列吉坦（Gina Lollobrigida）、珍・羅素（Jane Russell）；一種是風格化如梅・惠絲（Mae West）、貝蒂・戴維斯（Betty Davis）；一種是又風格化又雌雄同體如嘉寶（Greta Garbo）、瑪蓮・德列治（Marlene Dietrich）。

「坎普是斯登貝格（Josef von Sternberg）和德列治六部美國影片裏令人咋舌的唯美主義，六部全是，尤其是最後一部《那魔鬼是個女人》（*The Devil Is a Woman*）」。

由達西爾・哈米特（Dashiell Hammett）小說改編，約翰・休斯頓（John Houston）導演，亨佛萊・鮑嘉（Humphrey Bogart）主演的黑色偵探經典《梟巢喋血戰》（*The Maltese Falcon*，或譯《馬爾他之鷹》）是「最偉大的坎普電影」。但貝蒂・戴維斯主演的名片《彗星美人》（*All About Eve*）雖有佳句卻因太蓄意要坎普，反而亂了調。

「高第（Antonio Gaudi）在巴賽隆納的耀眼和美麗的建築物是坎普的，不僅因爲它們的風格，還因爲它們顯出了——最顯見於聖家堂（Sagrada Familia）——一個人的雄心，要去完成一整代人、一整個文化才能完成的事」。

以上是桑塔格在四十年前文章裏舉的部分例子。我補一個較新的自覺坎普例子：電影《紅磨坊》裏，妮可基嫚（Nicole Kidman）和伊旺麥奎格（Ewan McGregor）穿著十九世紀古裝，卻情深款款，互唱多首二十世紀的情歌，都是些濃情蜜意、歌名老派的坎普金曲（“Come What May”、“All You Need Is Love”、“I Will Always Love You”、“Don't Leave Me This Way”等），又在戲裏混唱瑪麗蓮夢露（Marilyn Monroe）的〈鑽石是女人最好的朋友〉和瑪丹娜（Madonna）的〈物質女郎〉。（原版瑪丹娜的〈物質女郎〉MTV音樂錄影片，就是戲仿夢露的〈鑽石是女人最好的朋友〉。）

6 如果外國例子幫不了你，試試國產：

電視台大型節目主持的聲調和套句。

央視春節晚會（不用罵，既然要看，用坎普的眼光去看）。

當領導的，演講到了想別人鼓掌之時，突然提聲，等待掌聲。

北京長安街上和往機場路上的一些單位的巨型建築，如綠色小屋頂的國旅大廈。

上海懷舊美女月份牌。

北京絨線胡同老四川飯店和香港舊中國銀行大廈頂樓的「中國會」私人俱樂部。

舊鴉片煙床做裝飾傢俱。

把自己稚齡兒子的頭髮剪得像年畫裏的小孩。

在卡拉OK包廂內，與友人唱罷靡靡之音後，選唱革命歌曲和戲擬跳忠字舞。

香港老世家第二代周啓邦夫婦的粉紅色勞斯萊斯和金色馬桶。

上年紀的上海夫婦，穿起端正西服，畢恭畢敬地去看通俗舞台演出。

靳羽西本人的髮型和面部化妝。

台灣王文華的小說《蛋白質女孩》的那些押韻句子。

武俠小說裏的怪異女高手如李莫愁、滅絕師太、梅超風。

王安憶《長恨歌》的第一節，即建國前的那段故事，文字與情節的對仗與華麗像百老匯劇。

電影《英雄》裏梁朝偉和張曼玉那條「愛情線」，和陳道明演的秦王滴下同情淚那刻。

（這樣看來兩岸三地還眞是坎普的沃土，我們需要做的只是敞開坎普方面的感覺力。）

再舉一猛例：

電影《大話西遊》對白：曾經有一份眞誠的愛情放在我面前，我沒有珍惜，等我失去的時候才後悔莫及，人世間最痛苦的事莫過於此……如果上天能夠給我一個再來一次的機會，我會對那個女孩子說三個字：我愛你。如果非要在這份愛上加上一個期限，我希望是——一萬年。

（至於北京的大學生每年集體重看《大話西遊》，對著畫面齊喊熟悉的對白，則更是最有代表性的坎普行爲）。

7如果你對以上某幾項的反應是覺得好玩，或有想笑出來的感覺，甚至眼中帶淚，你就是在坎普中得到樂趣，說不定你已「直覺」到什麼是坎普。但記住伊舍伍德所說：「你不是在開它玩笑，你是從它那裏得到樂趣」。

如果你沒反應，請繼續讀以下八段。

8坎普欣賞的是某一類人爲造作，可以出自電影、音樂、小說、表演、設計、建築物、服飾……可以是各種儀態、行爲、積習……可以是人物，如桑塔格認爲前法國總統戴高樂在公眾場合的儀態和演說是最坎普的。（我可以補上雷根總統，相信桑塔格不會反對。）

9眞正坎普的人爲造作，必然是認眞的、賣力的、雄心勃勃的，而且最好是華麗的、誇張的、戲劇化的、充滿激情的、過度鋪陳的，甚至匪夷所思的，但卻不知是在哪里總有點走樣、略有閃失、未竟全功。最好的坎普是那些未成正果的過分用心之作。故此，平庸、溫吞或偷工減料的東西不會是坎普的好對象。另外，完全成功的產品也沒有了坎普味道，譬如愛森斯坦（Sergei Eisenstein）的電影也很鋪張，卻不坎普。同樣，威廉・布雷克（William Blake）的繪畫並不坎普，但受他影響的新藝術卻非常坎普。

10 坎普看的是風格，不是內容。所以桑塔格說芭蕾舞劇和歌劇是坎普的寶藏。

11 坎普的風格是過度的風格。坎普是「一個女人穿著三百萬條羽毛做成的衣服到處走」。

12 純粹的坎普是天眞的，它們並不知道自己是屬於坎普，它們都是一本正經的。新藝術風格的工匠在製造一座蛇雕紋的枱燈時並沒有想到坎普，他們只想做好一個可以取悅人的燈。巴斯比・柏克萊（Busby Berkeley）在一九三〇年代替華納兄弟拍那些以數目字爲片名的大場面歌舞片的時候，也不是開玩笑的，只是經過歲月後，我們覺得這些電影好坎普。不自覺的坎普才是坎普趣味的上品。而諾爾・柯沃德（Noel Coward）的劇作則是自覺地在搞坎普。

13 許多坎普的對象是舊事物，但坎普並不是爲舊而舊，只是有些事物是要有了時間距離才讓我們看到它們的坎普。（譬如說：樣板戲？話劇《切・格瓦拉》？）

14 桑塔格指出，高雅藝術基本上是關乎道德的；前衛藝術則通過極端狀態去探討美與道德之間的張力；第三類藝術——坎普——則全然是審美的感覺，即：風格在內容之上、審美在道德之上、反諷在悲劇之上。坎普繞開了道德判斷而選擇了遊戲。

15 坎普是樂趣、是鑑賞、是「慷慨」：一種對人性的愛和享受、對某些物品和風格的愛和享受。坎普是一種解放，讓有良好品味和受了過多人文教育的人也可以享受到樂趣。

16 坎普只有在富裕社會才會出現，是這個沒有貴族的年代的品味貴族姿態。

17 如果還是一丁點也感覺不到坎普大概是什麼一回事，又不願意聽伊舍伍德的建議去「沉思它，用直覺感受它，像老子的道」，那麼請試試看桑塔格的原文，或去交個同性戀的朋友。

18 當然，誰都不能說自己對坎普的理解是唯一正確的理解，正如誰都沒權說自己的感覺是唯一的對的感覺。桑塔格這個美國重點大學出來的紐約猶太女人，爭議性可大了。有人說她崇歐成性，看了太多現代主義的書，喜炫耀學問大拋名詞。有人則說她的學問基礎只不過限於她那時代那地域的文藝精英那一套。有人說天鵝湖絕不是坎普；有人說莫札特怎可能算坎普；也有人說桑塔格如果看過蒲柏更多作品而不僅只是〈奪髮記〉一篇長詩，才不會認爲蒲柏是坎普。（更多更重要的爭論見下文。）

19 桑塔格的舉例尚被質疑，本文所列亦當被挑戰。品味與感覺的不確定性很大，何況還有如下情況：

**a** 坎普這種很難說清楚的感覺，在跨域傳播時是可以完全變形的。一九八〇年代的香港，坎普這感覺通過《號外》雜誌開始滲入美藝文化圈，周潤發不知道哪裏聽到這詞，在他主演的一齣喜劇片裏加進一句對白：「camp camp地」，但他指的是陰陽怪氣，暗示著同性戀。自此，「camp camp地」變成了稍稍時髦的詞，對更廣大的港人來說，坎普是指「camp camp地」。

**b** 每個地方的人都有自己的一套坎普。上文提到的《大話西遊》，裏面是有許多坎普對白，實際上，坎普是香港電影特別是喜劇片常用的元素，而其中最自覺的坎普喜劇片是《大話西遊》導演劉鎭偉的另一作品《92黑玫瑰對黑玫瑰》，但其中的港式坎普恐怕逗樂不了其他地區的觀眾。

**c** 不同地域對同一坎普事物的判斷也不同。吳宇森導演，周潤發李修賢葉倩文主演的《喋血雙雄》，是不自覺的坎普。該片在香港上演時，一般觀眾把它看作認眞的警匪動作片，並沒有用坎普的角度去看它，但當它在日舞影展美國首映時，觀眾是邊看邊大笑，同時愛死這坎普電影。可見兩地觀眾的解讀不同。不過，我相信吳宇森式的設計，如慢動作雙手開槍、白鴿飛出槍戰現場、墨鏡和黑長大衣等，將來（或許已經）是普世公認的坎普經典。

**20** 坎普這種感覺力自一九六〇年代以後在北美的某些圈子流行起來，〈坎普札記〉功不可沒。《反對闡釋》出版後，桑塔格更聲名大噪，成爲極精英的紐約知識份子小圈子最年輕的成員，而且是少數的女性成員。桑塔格在書封面的那張黑白照——黑眼珠，黑頭髮，沒樣子的短髮型，沒化妝的大臉——廣爲流傳，使她成了東岸男讀書人的「海報女郎」。後來她承認，那幾年受男性知識份子的凝望，讓她延後了公開承認自己是同性戀者。

21〈坎普札記〉在時間上比象徵美國同性戀權益運動濫觴的紐約「石牆」事件早五年。當時的「前石牆時期」的同性戀者認爲桑塔格是在替他們仗義執言，把他們的感覺力和品味放到當代文化地圖上。他們一直認爲自己是屬於一個重要而充滿創意的少數族群，而桑塔格現在似乎替大家確認了他們是一種新鮮感覺力的主要承載者。據說有同性戀者把〈坎普札記〉視爲品味指南手冊。而紐約儀態的幽默作家弗蘭・拉波維茲（Fran Lebowitz）更在一九七〇年代中替安迪・沃荷（Andy Warhol）「工廠」（Factory）創辦的《訪問》（*Interview*）雜誌寫了一篇戲仿〈坎普札記〉的很坎普的文章：〈趣愛客札記〉。

22在〈坎普札記〉裏，桑塔格說坎普品味並不等於同性戀品味，但兩者有雷同之處。坎普是一種消解道德的、唯美的和遊戲的感覺力，而同性戀則指望社會倡導唯美和遊戲因而容易接納他們。桑塔格說：「猶太人和同性戀者是當代城市文化中出眾的創意少數……現代感覺力的兩大開拓力量是猶太人的道德嚴肅性和同性戀者的唯美主義和反諷」。同性戀者往往自封爲品味的貴族，很自然成了坎普品味的先鋒、媒介和最善自我表達的受眾。不過，桑塔格說就算同性戀者沒有發明坎普，別人也會發明，「因爲與文化有關的貴族姿態不能死」。

23 桑塔格雖曾獲同性戀者捧場，但亦有批評者。她說同性戀者喜歡遊戲（並說是因爲他們的留住青春的欲望），有批評說是把同性戀者模式化了。較嚴厲的批評來自酷兒理論家如莫・邁亞（Moe Meyer）。在一般人口邊掛著坎普這個時髦詞之前，同性戀圈以坎普的行爲如男扮女、女扮男的戲仿表演來建構自己的身分認同，是一種顛覆主流正常性和爭取社會能見度的手段，但在「後桑塔格」時期，坎普被審美化和非政治化，不再是同性戀亞文化的專利，正如同性戀圈的其他符徵被主流商業文化挪用了一樣。（桑塔格一九八九年出版的《愛滋病和它的隱喻》（*AIDS and Its Metaphors*）也曾受到一些同性戀者批評。）

24〈坎普札記〉有一句話是主要爭論的關鍵：「一個人可以嚴肅地對輕浮、輕浮地對嚴肅」。對桑塔格來說，坎普是以遊戲的態度對付一本正經的人爲造作，她所謂的「摘嚴肅的冠」，而懂得坎普的品味貴族因此而得到樂趣。換句話說，是輕浮地對嚴肅。但那些一本正經的人爲造作不只限於嚴肅藝術，坎普的對象可說是來自各方各面、有高有低的，即桑塔格說的「所有對象的等同性」（作「對象的不分等級」解）。另外，桑塔格說：「坎普主張，好品味不只是好品味，此中的確存在著關於壞品味的好品味……關於壞品味的好品味的發現可以是十分解放的。堅持高級和嚴肅樂趣的人是在剝奪自己的樂趣；他是在連續地限制自己所能享受的」。換句話說，桑塔格也肯定了樂趣來源的多元性。

25 這裏桑塔格很嚴肅地看待了坎普先驅王爾德的輕浮，後者就曾宣佈自己做人的宗旨是要「配得上」他的青花瓷器，又曾表揚領帶、椅子和紐花，並說門把手可以跟油畫一樣令人讚賞。換句話說，是對象的不分等級，是嚴肅地對輕浮，英語原文更有這樣的意思：「認眞地對待不重要的」。（順便一說：桑塔格當時的丈夫菲力浦・利伊夫（Philip Rieff）曾寫過一篇被忽略的文章〈不可能的文化：王爾德作爲現代先知〉。）

26 對後來一些坎普純粹主義者如約塞亞・格蘭（Joshua Glenn）來說，桑塔格說歪了。相應著輕浮地對嚴肅，格蘭說坎普不是一種輕浮的態度，而是一種揉合嚴肅和幽默而帶批判性的反諷感覺力——伊舍伍德不是說過「你不能坎普那些你不認眞的事情」嗎？相應著嚴肅地對輕浮，格蘭認爲這很容易淪爲另一種一九九〇年代在美國開始的新感覺力：「芝士」——故意反時髦，反好品味，穿醜衣服，嗜愛垃圾文化，很張揚地擁抱刻奇，對任何嚴肅事採取疏離、輕浮和犬儒的態度，認爲這樣的「反嬉普」（anti-hip）的感覺力才是眞的酷，昆汀・塔倫提諾（Quentin Tarantino）電影《黑色追緝令》（*Pulp Fiction*）被認爲是這種芝士品味的代表，《紐約時報》書評人卡古坦尼（Michiko Kakutani）一九九二年的文章〈首先此間有了坎普，現在有了芝士〉（*First There Were Camp, Now There's Cheese*）可能是最早的論述。當然，坎普作爲一種品味精英對認眞的人爲造作的遊戲式欣賞，是應該跟故作沒品味的民粹的芝士不一樣，甚至是互相排擠的才對。

27 爲公平計，我必須強調一點：桑塔格再怎麼說嚴肅地對輕浮、輕浮地對嚴肅，她始終是個認眞的現代主義者，所以她才有這樣一說：「我爲坎普所強烈吸引，又幾乎同樣強烈地被它冒犯了」。坎普的對象可以是高是低，那些人爲造作從某些品味制高點看來可以是藝術、垃圾或刻奇，但桑塔格從來沒有直接去肯定垃圾和刻奇。她的許多其他文章是介紹艱澀嚴肅的現代作品和觀念（大部分是來自歐洲的），維護的往往是前衛的、現代主義的感覺力和那一代通才文化精英的嚴謹品味。這點上桑塔格是名副其實歸屬於紐約猶太嚴肅知識份子的傳統的。

但嚴肅地對輕浮、輕浮地對嚴肅這樣的感覺力，到了上世紀六〇年代有了自己的生命力，是所謂「時機已到」的一個觀念。這樣的新普及感覺力，跟現代主義感覺力間存在著強大的緊張關係。桑塔格的〈坎普札記〉確實是一九六〇年代引領新感覺力潮流的重要論述之一，但她個人主要的感覺力是現代主義的，故她在感覺力更替的順時歷史上是個過渡人物，正像她說王爾德是新舊品味文化的過渡人物。（她的《反對闡釋》亦可被視爲一篇有代表性的過渡文章：告別了知識份子的著重作品內涵、站在闡釋制高點、意圖對作品意義一錘定音的話語，預期了把風格和樂趣放在內涵之上的後現代觀，卻未料到一切文本都將被認爲是「不了義」的全闡釋遊戲。）

28 桑塔格自言有好一段時間直至一九六〇年代初，她每個暑假都在巴黎過，「每天都光顧電影資料館」。她那時期的創作亢奮，與所處地紐約和巴黎「每月都有新的傑作面世」有關，其中電影是主要媒介之一。一九六〇年代的新感覺力，往往是跟電影有關，或許是因爲電影的新傑作最能擺脫當時依據文學和其他藝術而制定的固有審美框框。

29 鑽同一個電影資料館的楚浮在成爲與高達（Jean Luc Godard）齊名的法國新浪潮導演之前，是法國《電影筆記》（*Cahiers du Cinema*）雜誌的影評人。他大概受他恩師安特利・巴辛（Andre Basin）的名言：「所有電影皆生而自由平等」所影響，對各種類型或屬性的電影皆不會先入爲主地否定，因爲「最誠懇的電影可能看上去是虛假的」，「一齣帶能量的完全普通影片是可以比一齣有『智慧』意圖但執行得無精打采的影片更能成爲好的電影」。當其他評論家認爲希區考克（Alfred Hitchcock）的《驚魂記》（*Psycho*）的題材微不足道時，楚浮指出它與柏格曼（Ingmar Bergman）的《處女之泉》（*The Virgin Spring*）是同一主題而皆應表揚。他在推介歐日導演時，也尊崇美國商業片導演比利・懷德（Billy Wilder）、喬治・庫可（George Cukor）、尼古拉斯・雷（Nicholas Ray）等。他怪自己爲什麼這麼走眼，當初竟沒看出約翰・福特（John Ford）的優點。他讚賞金凱利（Gene Kelly）的《萬花嬉春》（*Singing in the Rain*）。「不論它們是否被稱爲是商業，我知道所有電影皆是有買有賣的商品。我看到的是大量程度上的分別，而不是在本性上的」。

他認同巴辛所說的：電影如奶油，攪拌起來有的乳化得好，有的乳化得不好。楚浮也是在引進一種電影屬性不分等級的新感覺力。

30在大西洋彼岸，電影評論也將立奇功。來自美國西岸的中年婦人寶琳．凱爾會在一九六〇年代結束前，憑她的犀利筆鋒和爭論性觀點，在東岸三兩下就聚焦了北美整代電影迷的新感覺力。從此，不少二戰後嬰兒潮一代受過大學教育的、有文化水平的影迷，不光是看了她的評論才去看電影，而是看完電影後要看她的影評來印證自己的感想，才算完成了一次觀影經驗。甚至有作家說自己當時年紀小，只能追看凱爾的影評，卻無緣去看被評的電影。她的忠實讀者以「小寶」自稱。而她的批評者也同樣激動，美國影藝學院主席曾稱她爲「可悲的母狗」，一九八〇年《紐約書評》一名作者說她的東西「每一篇、每一句，無中斷地沒有價值」。從一九五三年第一篇影評寫給三藩市《城市之光》期刊，至供稿給《黨派評論》，至一九六五年開始替紐約的大雜誌撰影評，直到一九九一年在《紐約客》寫了二十二年才封筆止，無論愛她惱她，她已是美國眾望所歸的桂冠影評人。凱爾在晚年的訪談中說她寫影評是爲了好玩和對電影的愛，她的寫作風格廣被模仿，閱讀她的影評本身就是樂趣，《紐約時報》在一九九五年說：「她發明的鑑賞姿態已成了普及文化評論的標準姿態」。

31爲什麼我們愛看電影，明知道它們絕大部分算不上「藝術品」，有些更只是垃圾，或只能說是「好垃圾」？可能就是因爲我們不把電影當作藝術品來看。凱爾說：「電影的最大吸引之一是我們不用對它們太認眞」。「不用負責，不必乖」。「符合了好品味，那我們很可能當初就不會眞正開始去關心電影」。

32 「因爲媒體的影像性質和低入場價，電影從偷窺戲、狂野西部劇、歌舞廳、連環畫——從本來是粗糙的和普通的——取得動力，而不是對歐陸高等文化的乾枯模仿」。「折衷的藝術如歌劇和電影包含了很多種和很多組合的樂趣可能性」。「電影藝術不是我們一直以來電影享受的對立：它是不能在回歸正統高級文化中找到的」。

33 「或許看電影最集中的單一樂趣並非是審美的，而是逃避我們的正統學校文化要求我們作正確反應這樣的責任」。「電影觀眾會接受許多垃圾，但叫我們爲教育而排隊是有點難」。「但可理解，因爲美國人對藝術的想法，我們作爲美國人是較容易在外來的而不是自己的電影中看到藝術。藝術仍是如教師和基金會女士們相信的，文明和精緻、教養和嚴肅、文化的、美麗的、歐洲的、東方的，它是美國所不是的，特別是美國電影所不是的」。

34 「電影是神奇的方便藝術」。「不負責任是所有藝術的部分樂趣」。「沒有遊戲感和我們從中獲取的樂趣，藝術完全不是藝術」。「所有藝術都是娛樂，但不是所有娛樂都是藝術。這可以是値得記住的好想法：如果一部電影被稱爲藝術而你不愛看它，毛病可能在你，但或許是在那電影」。「垃圾的樂趣是智性辯護不了的。但爲什麼樂趣需要辯護理由？」

35「如果我們不能欣賞最好的垃圾，我們有非常少理由對電影有興趣」。「你可以期望在垃圾中有些生動感是你可以相當肯定在受尊敬的藝術電影中得不到的」。「垃圾不屬於學院的傳統，而這是垃圾的部分樂趣——你知道或你應知道你不需要嚴肅對待它，而它從不企圖在輕浮、猥瑣和娛樂之外有更多」。

36「我們是有普通感覺的普通人，而我們的普通感覺並不是全壞」。「我不相信一種人的品味，即他們出生就有好品味，故毋須通過垃圾來尋他們的路」。「我不相信那種不承認他一生中有些時間曾享受過垃圾美國電影的人」。「垃圾讓我們對藝術有了胃口」。

37「垃圾令人腐化？一種傻清教徒主義仍在藝術裏滋長」。「這幾乎是階級歧視的假定，即粗糙電影，沒有藝術外觀的電影，是對人不好的」。「最低級的動作垃圾比健康家庭娛樂可取」。「當你淨化它們，當你令電影受尊重，你便殺了它們」。

38好犀利的筆，語不驚人死不休，義無反顧地顚倒了有教養社會的文化層階，光是好垃圾和她另一詞「好的爛片」，就讓我們腦筋急轉彎，從此海闊天空，沒有先決不能看的電影，所有類型和屬性是不分等級的，而看電影是爲了娛樂，哪怕是看垃圾也百無禁忌，甚至理直氣壯。沒有上課一樣的心理負擔，電影回到好看不好看的點上，自然各有各樂趣。她解放了觀眾，讓後者覺得自己是能分辨電影的好壞，並有權選看爲自己帶來樂趣的電影。

39 凱爾有驕人的戰績來支撐自己。她甫到《紐約客》，就獨力挺亞瑟潘（Arthur Penn）的《我倆沒有明天》（*Bonnie and Clyde*），終逼使其他影評人回頭重估該片。類似情況還出現在《窮街陋巷》和《教父》第一集等初期影評反應一般的經典。她是一九七〇年代「新好萊塢」電影的號角手，她最喜歡的電影都是那年代的：勞勃・阿特曼（Robert Altman）的《外科醫生》（*M*A*S*H*）、《花村》（*McCabe & Mrs. Miller*），柯波拉（Francis Coppola）的《教父》一、二集，馬丁・史柯西斯（Martin Scorcese）的《殘酷大街》（*Mean Street*）、《計程車司機》（*Taxi Driver*）。她認爲一九七〇年代是上世紀美國電影最輝煌的年代。

40 要分得出好的垃圾與垃圾的垃圾，其實需要鑑賞的眞功夫。凱爾並沒有說爛片就是好，她不會認同那些垃圾文化癮君子。她不無感嘆地說：「老一代人被遊說去唾棄垃圾，現在較年輕一代開始把垃圾說得像非常嚴肅的藝術」。凱爾的要求可高了，要討好她可難了，她覺得沒趣的電影可多了，我們可以想像多少片子在她筆下是被傷到體無完膚，當然包括那些扮作藝術樣子的高級垃圾片和裝滿「昂貴垃圾」的大製作。她讓我們感到在電影裏，藝術與垃圾之間隔得很薄、很薄，或更精確地說，藝術與垃圾很難作本質上的界定，尤其在敘事影像藝術這一塊。

41 凱爾貶電影爲垃圾（哪怕是好的垃圾），反諷著那些看不起娛樂電影的人，弦外之音是：不要架著其他所謂高等文化的眼鏡來看電影，電影就是電影，好壞自有標準。

42 凱爾更不是只捧垃圾片或美國片，她發掘了奧森・威爾斯（Orson Welles）的《歷劫佳人》（*Touch of Evil*）；她是高達在美國的熱情支持者；她喜歡雷諾瓦（Jean Renoir）；她推介柏格曼的時候，後者尚未在美國高檔電影迷之間大紅；她認爲貝托魯奇（Bernado Bertolucci）的《巴黎最後的探戈》在電影史上的重要性，可比美音樂史上史特拉汶斯基（Igor Stravinsky）一九一三年的《春之祭》（不錯，很多時候她很主觀）。

凱爾的〈垃圾，藝術，和電影〉跟桑塔格的〈坎普札記〉有異曲同工之妙：不以類型、屬性或載體來分文化的高低雅俗，衝擊了傳統上對什麼是嚴肅什麼是輕浮的成見，打破了娛樂與教誨、商業與藝術、普及與高級、大眾與精英等等二元分界。兩篇文章肯定了樂趣的重要性，解放了許多人的審美觀，並參與釋出了一九六〇年代後日益高漲的普及新感覺力。

43 上世紀六〇年代前的紐約知識份子，在政治上雖多是帶著不同程度的左傾傾向，在文化上則是精英主義的，大部分很抗拒大眾文化和後來的「反文化」。一九五〇年代美國另類青年的垮掉風潮已令大部分紐約派深感不安，一九六〇年代的整體蛻變更爲他們帶來認知上的挑戰。以格林伯格爲例，他曾是美國前衛抽象表演主義最重要的闡釋者——另一大旗手是哈洛德・羅森伯格（Harold Rosenberg），提出「行動藝術」之說，但到了一九六〇、七〇年代，格林伯格卻完全無法理解普普藝術（Pop Art）和極簡藝術爲什麼受重視，對前者的受歡迎感到迷惘，並對其後的觀念藝術充滿敵意，把一切說成是杜象（Marcel Duchamp）的遺害。他更不會想到，被他貶爲刻奇代表的一九四〇年代《星期六郵報》（*Saturday Evening Post*）雜誌封面插圖家諾曼・羅克威爾（Norman Rockwell）會被新一代的評論家捧爲大師。

44 格林伯格是圍繞著《黨派評論》的那群紐約知識份子中最早向大眾文化發難的人。他在一九三九年發表前衛與刻奇時，美國本土的現代主義還沒出現，他追索前衛主義在十九世紀的源起，藝術家與法國布爾喬亞決裂而成波希米亞，遁入非政治化的「爲藝術而藝術」及「純粹詩」，然後發覺由模擬外在到藝術形式的本身探索，很必然是走進抽象，即格林伯格所說的「主要靈感本自他們所下工夫的媒介」。他指的抽象包括畢卡索（Pablo Picasso）、布拉克（Georges Braque）、莫德里安（Amadeo Modigliani）、康定斯基（Wassily Kandinsky）、甚至克利（Paul Klee）、馬蒂斯（Henri Matisse）、塞尚（Paul Cezanne）。與之背道的都是刻奇，包括流行的、商業的藝術、文學和電影等。「刻奇假裝對顧客毫無要求，除了要他們的錢——甚至不要他們的時間」。刻奇是二手經驗、假裝激動，花樣常變但本質是一樣的，享受刻奇是毫不費力的，因爲是預先消化好的。「刻奇是這時代我們生命中所有虛假的縮影」，是美學的失敗。資本主義、共產主義和法西斯主義都是生產和使用刻奇產品的大眾社會，或以商品形式，或以官方主旋律形式。只有一小群體制外的孤獨自覺的精英從事著沒人要的抽象藝術是例外。格林伯格自己在一九四〇、五〇年代一直在推動抽象畫（他是要有畫家在作畫，故此不能接受後來的「去畫家」觀念藝術），同時攻擊刻奇，把非抽象的畫歸爲刻奇，以突顯抽象畫，「不要碰具象，否則你就會變成刻奇」。他的堅持後來得到很大成果，促使美國的現代畫風——抽象表現主義——首次被放進世界藝術史中，本應是化外的孤獨抽象畫家反諷地成了明星，而刻奇這詞也因他而在英語世界廣爲文藝界所知。

45 格林伯格屬於反大眾文化的那脈歐美文化精英，其中甚多大家，有右有左，包括西班牙的加塞特、英國「文化與文明」傳統的馬修・阿諾德（Matthew Arnold）和利維斯（F. R. Leavis）、第一代法蘭克福學派的阿多諾（Theodor Adorno）、霍克海默（Max Horkheimer）、利奧・洛文塔爾（Leo Lowenthal）、紐約知識份子德懷特・麥克唐納（Dwight MacDonald）、歐文・豪（Irvin Howe）等。稍微願意替大眾文化說幾句好話的紐約和芝加哥名家只有悉尼・胡克（Sidney Hook）、大衛・里斯曼（David Riesman）、愛德華・席爾斯（Edward Shils）等少數。

46 貶抑刻奇的論述，比格林伯格稍早的有奧地利小說家赫爾曼・布洛赫（Hermann Broch）一九三三年的文章〈刻奇問題札記〉：刻奇被看作是對藝術的失敗模仿，「是藝術價值系統裏的邪惡元素」，是寄生在藝術的內在敵人——「反基督看似基督，行動和說話像基督，但依然是路西弗」。布洛赫還說過後來爲法國捷克小說家昆德拉（Milan Kundera）激賞的一句話：「現代小說英勇地與刻奇的潮流抗爭，最終被淹沒」。〈刻奇問題札記〉後被收集在吉洛・多爾弗雷斯（Gillo Dorfles）一九六八年的反刻奇文集《刻奇，壞品味的世界》（*Kitsch; the world of bad taste*）。

47 刻奇是對優秀上品文化的侵蝕，阿多諾說的刻奇是「對淨化的戲仿」，麥克唐納和歐文・豪說的刻奇就是二戰後大眾消費社會的中品（middlebrow）——英文直譯是中眉——產品（在一九六〇年代前，連《紐約客》、《哈潑》、《大西洋》這類雜誌都被認爲是中眉，麥克唐納說的是給精英的刻奇）。刻奇是虛幻的替代經驗，凡登哈格（Ernest van den Haag）說的「使個體失去追求眞正的滿足的代替滿足」，阿多諾說的「用更加空虛來塡滿空虛的時間」和「它釋放了一瞬間的閃光醒悟，即你已浪費了你的生命」。刻奇是逃避是矇騙，羅森伯格說的「此間沒有抗衡刻奇的概念，它的對手不是一個觀念而是現實」，刻奇是對現實的否認，提供舒適，無視殘酷眞理，麻醉了眞的痛苦。刻奇是控制是操縱，洛文塔爾說大眾文化就是意識型態，麥克唐納說的是「上面強加影響」，布洛赫說的「不僅是美學的邪惡，而且是社會和政治的邪惡」。刻奇是逢迎是因循是媚俗，巴納德．羅森伯格（Bernard Rosenberg）說的「已建立規則的藝術，可預期的受眾，可預期的效果，可預期的報酬」，安伯托．艾可（Umberto Eco）說的刻奇是藝術的代用品。湯瑪斯．寇克（Thomas Kulka）說：「刻奇是要來支撐我們的基本情感和信念，不是困惑或質疑它們」。寇克提出刻奇三特徵：

**a** 刻奇形容的物件或主題高度充塞著現成情緒。

**b** 刻奇形容的物件或主題可以不費力地立即辨認。

**c** 刻奇並沒有實質的豐富我們對被形容的物件或主題的聯想。

刻奇（與大眾文化）因此是與藝術不可調和的，特別是指求新求澀求自主的現代主義藝術。

48 但上述論者也知道刻奇是大眾所欲的。寇克說：「如果藝術用民主評判，即依喜歡它的人數，刻奇很容易擊退它所有的競爭者。」阿多諾解釋：「只有那些生活沒有壓力者，全神貫注和有意識的藝術經驗才有可能」，「人們想玩樂……在他們的多餘時間他們想將沉悶和費神同時解脫」，「廉價商業娛樂……導致鬆馳，因爲它是有套路的和預先消化的」。這一點，托克維爾（Alexis de Tocqueville）早在一八三〇年代已預料到：「由於他們能夠用於文學的時間很少，他們就想辦法充分去利用這點時間。他們偏愛那些容易到手、讀得快而且無須研究學問就能理解的書。他們尋求那些自動呈現、可以輕鬆欣賞到的美；最重要的是，它們必要有新的、出乎意料的東西」。

49 格林伯格對刻奇的論述，把自己推到一個沒有彎可轉的角落，即除了抽象畫外其他都是刻奇，有點像阿多諾退到無調性音樂而其他都是文化工業的極權操控。其實，視藝術爲自我指涉、無利害的全盛現代主義藝術觀，到一九六〇年代在藝術圈內也快整體守不住了，我們幾乎可以預見到新一代的藝術家——依然抱著反舊創新這種現代藝術觀——很快要把格林伯格顚覆掉，由沃荷至後來正面鼓吹刻奇的策展藝評家戴夫·希奇（Dave Hickey）或「後現代」刻奇藝術家傑夫·昆斯（Jeff Koons）。

50 除了格林伯格對刻奇在審美上的極廣定義外，我們用語中還有一個窄定義和另一個廣定義。窄定義是指蒙娜麗莎煙灰缸，即那些誰都知道的廉價小玩意，你到旅遊景點買紀念品、或去春節廟會、舊貨市場就可以看到一堆。這窄定義可能比較接近刻奇眾說紛紜的詞源，包括德語 kitschen 意在街頭收垃圾，或德語方言 verkitschen 意使之廉價，或英語 sketch（素描畫）的德語錯誤發音，或法文 chic（趨時）的德語錯誤發音，甚或俄文 keetcheetsya（裝大頭）的德語錯誤發音；它最早是一八六〇、七〇年代慕尼黑的藝術販子的行話，用來說廉價、容易銷售的趨時藝術品，如素描畫。這窄定義很聚焦，對象頗易理解，大部分說英語的人平常用刻奇當名詞時也是照這意思，是一個有用的詞和應保留的用法，只是現在不會有人誤會一座塑膠螢光自由女神像是藝術，哪怕是低級的藝術。

51另一廣定義是昆德拉對刻奇的理解，不只是美學上的，更是存在的和形而上的。他從十九世紀德國浪漫主義中看到人類的兩滴刻奇淚：「刻奇導致兩淚快速連續流出。第一淚說：看到兒童跑在草地上多好。第二淚說：看到兒童跑在草地上，（我）與全人類一起被感動，多好。是第二淚使刻奇變成刻奇」。刻奇是「將這種有既定模式的愚昧，用美麗的語言把它喬裝，甚至連自己都爲這種平庸的思想和感情流淚」，是「傻瓜的套套邏輯」：對情感的情感、對濫情的傷感，「刻奇者對刻奇的要求，即是對著一面會撒謊又會美化人的鏡子看自己，並帶著激動的滿足認知鏡中的自己」，同時「將人的存在中本質上不能接受的一切排斥在它的視野之外」——如糞便、屁眼、死亡、玫瑰花一樣形狀的癌細胞——「刻奇是對糞便的絕對否認」。昆德拉數出各式各樣的刻奇：天主教的、新教的、猶太教的、共產主義的、法西斯主義的、民族主義的、女權主義的、民主的、歐洲的、美洲的、國際的，「極權國家發展了這種刻奇，因爲這些國家不能容忍個人主義、懷疑和嘲笑」。他說「我們之間無一是足以完全逃脫刻奇的超人。無論我們如何鄙視它，刻奇是人類境況的一個組成部分」。這樣的人爲造作，幾乎無處不在的刻奇做人態度，可說是濫情又自滿的集體自我完謊。

昆德拉所說的刻奇，比其他有關刻奇的說法更爲中國知識界所知，主要是一九八七年韓少功和韓剛譯的《生命中不能承受之輕》在中國內部發行公開銷售（二〇〇三年許鈞翻譯的新版叫《不能承受的生命之輕》），加上昆德拉一九八五年在耶路撒冷文學獎上的發言和《小說的藝術》等提到刻奇的作品陸續有了中譯，對部分知識界來說是一次長達十多年的開天眼經驗。在大陸的翻譯中，昆版刻奇都很精彩地被譯成「媚俗」（之前台灣曾譯作「忌屎」）。不過，塵埃落定，爲兼顧刻奇的多源多義性質，而且因爲它多是個指涉實物的名詞，我建議還是回到以音爲主的普通話譯法，即景凱旋在二〇〇一年文章〈大眾與壞品味〉裏用的「刻奇」（我故意不用「刻齊」，以免助長以爲當代社會走向劃一性的這樣一種決定論思想）。

52 基於媚俗（刻奇）這個詞在這邊（中國）接受的情況，策展藝評家栗憲庭把一九九〇年代中的畫風叫「豔俗藝術」而不叫媚俗藝術，是明智的選擇，否則會跟之前的政治波普藝潮甚至玩世現實（潑皮）混在一起，因爲三種風格都可以被視爲是對不同維度的刻奇的反諷和戲仿。栗憲庭撰文說他一度曾用了媚俗這詞，後認爲不能同意格林伯格式觀點把昆斯之類的作品歸爲媚俗等等原因，終在跟一些人交流後，定了豔俗藝術之名，英文爲含反諷意味的 gaudy art。

53 從中世紀民間慶典到蘭波（Arthur Rimbaud）的「詩的妄語」、「蠢的繪畫」，以至現在，一直有藝術家利用粗俗、壞品味和刻奇以達到創作的目的，這潮流無疑也是構成現代的一部分，正如馬泰・卡林內斯庫（Matei Calinescu）的書名《現代性的五副面孔：現代主義、前衛、頹廢、刻奇、後現代主義》（*Five Faces of Modernity*）。而由杜象、達達開始，經超現實主義——如費南多・萊歇（Fernando Leger）就自覺地把刻奇廣告和包裝形象放進畫內，再到轉捩點的波普藝術，加上文化論述趣味的轉移等等因素，一九六〇年代後大家對大眾文化和刻奇有了新的感覺。本文所介紹的〈坎普札記〉和〈垃圾，藝術，和電影〉恰逢其時，在北美自各有影響。有一點特別要指出並加以肯定的，就是不管桑塔格與凱爾在兩篇文章裏怎麼說，她們在現實裏並沒有只俗不雅、只低不高、只輕不重、只淺不深、只甜不澀；換句話說，她們沒有媚俗。事實上，她們都很著意找出爲時人低估、忽略以至不理解的好作品。換言之，她們要求大家提高品味，培養鑑賞力，磨練反諷意識，並要做出獨立判斷，這樣才算有敏銳的感覺力，才能分得出藝術、坎普、垃圾、刻奇。這個值得讚賞的態度——對象不分等級、品味自強不息——套用利奧塔（Jean François Lyotard）的說法就是人人皆應成精英的「人人精英主義」（elitism for everyone）。

54 刻奇與藝術的相對性（而非對立性）現已被廣泛認知，卡林內斯庫說一幅掛在百萬富翁家用電梯中的林布蘭（Rembrandt）真跡無疑是刻奇。英國評論家彼德・沃倫（Peter Wollen）更指出，時間令藝術品變刻奇，只要想想蒙娜麗莎，以至梵谷（Vincent van Gogh）和莫內（Claude Monet）某些名畫的情況就知道——「刻奇，對我而言，是偉大藝術品的無可逃避的伴侶」。在學界，在英國開始的文化研究，特別是亞文化的研究，和美國的普及文化社會學，糾正了之前反大眾文化的論者的決定論傾向，察覺到亞文化族群並不是完全被動的受眾，更記錄了他們主動的文化和意義創造。布迪厄則識破了高級文化是無利害的自主假象，指出了品味與不同階層所取得的文化資本有密切關係，他雖然不一定用上刻奇這詞，但他所說法國工人階級因經濟能力較低而採用的「需要的品味」，即美的藝術要表現美的東西，如「花朵、落日、兒童」，很像是某種定義上的刻奇，相對於富裕文化精英的較自覺和抽離的「反思的品味」，即美的藝術拒絕直接的樂趣而要讓大家驚訝地去看「髒物、捲心菜、枯樹」。班雅明雖然也把刻奇放在藝術的對立面，但他對憂傷與懷舊的分辨，和機械再生產的提議，啟發了不少後學：薩拉斯特・奧拉奇艾加（Celeste Olalquiaga）一九九九年的《人工王國：刻奇經驗的寶藏》（*The Artificial Kingdom*）一書就是用班雅明來肯定刻奇的人文價值，並以此批評格林伯格、布洛赫、多爾弗雷斯等的反刻奇觀。卡林內斯庫說：「如果我們承認刻奇是我們時代的『常規』藝術，我們就必須承認它是任何審美經驗的必然起點」，「在看過許多複製或仿造的林布蘭作品後，一個觀畫者也許最終有能力接受一位荷蘭大師所繪眞品的藝術」。凱爾突然冒出的那句：「垃圾讓我們對藝術有了胃口」大概也有此意。

55 現在我們可以試試綜合一下各家之言，建構刻奇這個在今日世界有用的美學範疇和生活領域，不廣不窄，既可以認得出用得上，又不至於陷入本質主義的窠臼；試試不擺高姿態作鄙視狀，也不唱反調故作粗俗，不對衆人所好有偏執狂式的惶恐厭煩，也不爲投衆人所好而大捧媚俗（我想起桑塔格和凱爾的榜樣）。

這裏不再說窄義的常用詞刻奇（蒙娜麗莎煙灰缸）；也不包括假冒僞劣產品——那是另一個題目。

在容易被察覺的一端，刻奇是：生日賀卡、手機音樂鈴聲、情人節的玫瑰花和心形巧克力、電梯和營業場所的背景音樂、速食店、茶餐廳、迴轉壽司、波霸奶茶、聖誕歌和聖誕裝飾、鄧麗君的歌、金曲合輯、大部分流行情歌、大部分廣告詞；刻奇是寇克所說的影像：「各種小狗小貓、流淚的小童、抱嬰孩的媽媽、有性感嘴唇和勾魂眼的長腿女人、有棕樹的海灘和彩色的日落、鳥瞰叢山的瑞士田園村莊、歡愉的乞兒、悲傷的小丑、可憐忠誠的老狗」。

在較易被遺忘甚或被嚮往的一端，刻奇是：以紅白綠作裝飾的義大利餐館、侍應生穿民俗服飾的風味食肆、仿古中式裝潢的茶藝館；刻奇是老外穿唐衫旗袍、中國人家裏放仿義法宮廷傢俱；刻奇是門前有羅馬柱的別墅（如果建得很誇張倒可以變成坎普的對象）。

刻奇是放煙花歌舞昇平，是胸前別了領袖章、臉上洋溢幸福的神情，是一幢洋房兩部車的中產形象。

刻奇不單是迪士尼、拉斯維加斯、電視塔、卡拉OK、幾乎所有主題公園，不單是各景點自我打扮的假古董和地方色彩，還是去景點旅遊兼拍照留念的心態。

刻奇是城市酷人類想像自己開著越野車到偏遠地區看原汁原味的土人；刻奇是拍婚紗照；刻奇是高檔樓盤的名字，什麼中心、什麼廣場、什麼城。

刻奇不僅是酒店房間那幅不難看的行貨畫，還是大部分五星酒店很舒服很制式的房間裝潢和服務。

或許我們真的要分辨好的刻奇和刻奇的刻奇，如凱爾的好垃圾、好爛片，桑塔格的關於壞品味的好品味（在紐約知識份子攻擊刻奇最嚴厲的時期，還真有「精巧的刻奇」一說）。

就算自認爲很有文化很有品味的人，嚴格來說每天仍得過一點刻奇的生活，不再是梵谷向日葵咖啡杯，而是一切穩定的、可期待的、可重複的、沒有增加我們新認識的、不費我們精神而滿足我們的生活，其中包括受大家認同的好生活。

刻奇是絕大部分人的生活，但卻不是全部的生活。

誰還敢鄙視它？（昆德拉：「我們之間無一是足以完全逃脫刻奇的超人」。凱爾：「我們是有普通感覺的普通人，而我們的普通感覺並不全是壞的」。）

56刻奇曾被認爲是現代藝術和革命的失敗，但通過了近年對現代性的再認識，社群傳統、共同體價值、個人嵌入社群等觀念備受重視，也替刻奇帶來意想不到的新評價。紐約新學院的森姆・賓克利（Sam Binkley）就是用安東尼・吉登斯（Anthony Giddens）的「本體上的安全感」來看刻奇的一個重要特質：事物與情感的重複性和熟悉性。現代的其中一個特徵是傳統共同體的解體導致個人失去可嵌入的社群：生活、價值與精神的顛沛流離，而刻奇是這個年代個人在日常生活中的安全網：求穩定求熟悉求重複以求重新嵌入社群（用時下流行說法是找到自己的定位）。到底，現代主義藝術要求的獨創、反思、自主等是很累人的，現代革命的亢奮、不穩定和人性改造是難以長久的。現代主義藝術家是孤獨現代人的代表，但不見得其他人都想或都應以他們爲榜樣。人們需要存在層面的合群。熟悉的、重複的刻奇其實是現世最普及的（也是必需的）日常生活和文化消費模式，它以重複、隨俗、日常的當代消解變異、自主、普世的現代，以便現代人尋回一點本體上的安全感。

57藝術注定孤獨，合群必然重複，兩者的對照只是觀念上的，在現實世界中許多人可以突破而不歸屬任何一邊。設想一名退休長者獨自在海邊寫生，總不至於有人指著他說：這是刻奇、這是垃圾吧！其實只要我們不抱有高傲精英的藝術本質主義態度——只有獨創才算是藝術、只有自主天才型的人才算是藝術家——我們就可回到杜威（John Dewey）所說的，藝術即經驗的廣闊天地。長者在寫生，一名嬉皮在做陶藝，一對中年夫婦在彈鋼琴自娛，一群維吾爾人在編地毯，幾個年青人在玩樂隊，河南朱仙鎮的老師傅在畫年畫，宮崎駿在製動漫，海德格（Martin Heidegger）在林中散步，雖然各人的水平和旨趣不同，但都屬於生產意義的、生活與藝術連貫的經驗，即美的經驗。然後，長者在老幹部活動中心的繪畫班上，學到了更好的技巧，他很高興自己與生俱來的個人潛力得以發揮，他越畫越加深了對藝術的理解，周邊的人皆喜歡他的畫（是架上的具像畫又如何？），替他自己帶來了不少樂趣，並鼓動了旁邊幾個長者也開始作畫。長者以行動體驗了藝術，並因為屬於一個共同體（老幹部繪畫班）的成員，接受到教育（一項終生的志業）而促進了個人成長，從而進一步建構了自己的身分。這樣一種既個人又社群的淑世進取經驗，在各層次的共同體裏被廣泛享有是可能的。美國美學家理查・舒斯特曼（Richard Shusterman）在《實用主義美學》（*Pragmatist Aesthetics*）一書內，用同樣的道理去「將藝術從它那高貴的修道院中——在那裏它與生活隔絕，與更通俗的文化表現形式對立——解放出來」，從而替普及文化如饒舌音樂找到「藝術合法性」。（大祕密：原來「大眾」的生活並沒有如我們文化精英的某些批判論述中想像的那麼蒼白、被動、鐵板一塊。）

58很大部分的刻奇不能算是垃圾，也談不上是藝術，更不足以成爲坎普的對象。刻奇是刻奇、垃圾是垃圾、坎普是坎普，它們肯定有交叉，卻不是一回事。分清楚這三個有用的當代感覺力，有利我們自覺甚至有創意地活著，並可從不斷學習中、從美的經驗中，得到樂趣和自我完善，或許兼能惠及社群。讓我再提桑塔格和凱爾的人人精英主義榜樣，一方面她們打破藝術的固有界限，認識到對象的不分等級和樂趣的多元性，另方面她們是自我要求極高的評論家，該怎麼說就怎麼說的直面對象本身，並嘗試分辨和分享什麼是好。

謹將本文獻給受了過多人文教育的人，並很坎普地說一聲：共勉之。

（二〇〇四年）

# 較幽的徑

兩條路徑當前，我曾做選擇，也和眾人一樣，選過較幽的徑，每每只是看不透，起了步，待知道是難行道也回不了頭，或捨不得，當初何曾故意要成就後來的自圓其說？捨不得的理由因人而異，我的是停停走走、兜兜轉轉後的暈，是嵌入某個想像小共同體後、腦中釋出的分泌造成的一種感覺，像微醉。

暈的日子裡，想像中的小共同體（走幽徑也要有同路）比世界眞實，甚至迷人，似泛黃紙印上糊掉的藍山咖啡漬——我忍不住胡說張腔。

我就是不愼看了幾本書，被罰走了三十年的幽徑。

那幾本都是台灣書，時爲一九七一年下半年，我大學第一年。

之前，做爲香港較正常的體育不出色的渴望有個性的教會名校學生，我與許多同代人一樣，聽英文搖滾民謠，上法國文化協會看藝術片，其中不乏受青春荷爾蒙主宰的浪漫衝動。那時候眞可以說面前條條是大路，前途一片光明。好吧，我承認買過《中國學生周報》，甚至偶然偷瞄過《明報月刊》標題，僅此而已。買書？除教科書外，連武俠小說都是租看的，我像自己掏錢買雜書的人嗎？

大概是突然當了大學生後，想與眾不同吧，我幹了一件幾近反香港的事：摸上藏在尖沙咀漢口道某大廈五樓的「文藝書屋」。那裏，幾乎只賣台灣書。

我掏錢買了，讀了，白先勇、余光中、李敖。

白先勇給我的是一本盜版書，含〈紐約客〉和〈臺北人〉兩短篇小說集，先看的當然是〈紐約客〉部分，誰不想去美國留個學交幾個女生，故第一時間進入的是〈謫仙記〉、〈火島之行〉、〈上摩天樓去〉。不過，不要低估年輕人的同理心，我一下也理解了〈安樂鄉的一日〉的特殊華裔身分和普遍亞市區感覺——不無反諷的是當時的白先勇還眞超前。接著，〈臺北人〉開宗明義點了劉禹錫的〈烏衣巷〉，「朱雀橋邊野草花，烏衣巷口夕陽斜，舊時王謝堂前燕，飛入尋常百姓家」，這是我小學會考時只背不懂的一首唐詩，經白先勇這麼在書裡一放就全弄明白了，況味全出了，感覺全到位了，一個香港年輕人已經準備好了，誰還會怕白先勇？臺北人？外省人？長官？大班？謫仙？永遠的驚夢的最後一夜？不是已經說了就是寄住在你我家的那個甚麼燕嘛，有甚麼不好懂！白先勇打開了我不知道自己擁有的沒落王孫審美眼睛。

余光中給我的是他年輕時洋氣的詩集《五陵少年》。「我欲登長途的藍驛車，向南，向猶未散場的南方」，觸動著我的青蔥流浪夢；「一CC派克墨水的藍色，可以灌溉，好幾個不毛的中世紀」，挑逗著我這個不知道自己想寫作的衣櫃裡的作家。不求甚解的，我喜歡〈重上大度山〉：

小葉和聰聰
撥開你長睫上重重的夜
就發現神話很守時
星空，非常希臘

同年稍後買了《在冷戰的年代》，反覆看的還是青春洋氣的〈越洋電話〉（「要考就考托福的考試，要迷就迷很迷你的裙子」）、〈或者所謂春天〉（「所謂妻，曾是新娘，所謂新娘，曾是女友，所謂女友，曾非常害羞」）、〈超現實主義〉（「要超就超他娘東方的現實，要打就打打達達的主意，把卡夫卡吐掉的口香糖……」）。念英文學校的我，尚且感到自己也能寫出這樣的中文，是開竅、是加持，謝謝余老師。

李敖給我的是《傳統下的獨白》雜文集，特別一再重看的是〈十三年和十三月〉一文，這李敖也眞幸運，老子不管小子，喜歡就在家養浩然之氣，還叫老頭們把棒子交出來，原來是可以這樣玩法的，那我也來一下。不過，多年後回想，影響我最大的是其中一段不太像是李敖說的話：

多少次，在太陽下山的時候，我坐在姚從吾先生的身邊，望著他那臉上的皺紋與稀疏的白髮，看著他編織成功的白首校書的圖畫，我忍不住油然而生的敬意，也忍不住油然而生的茫然。在一位辛勤努力的身教面前，我似乎不該不跟他走那純學院的道路，但是每當我在天黑時鎖上研究室，望著他那遲緩的背影在黑暗裏消失，我竟忍不住要問我自己：「也許有更適合我做的事，『白首下書帷』的事業對我還太早，寂寞投閣對我也不合適，我還年輕，我該衝衝看！」

是了，就是這段話，害我後來不去選學院的明的幽徑而去走更——幽——更——幽——更——幽的幽徑。

活該，李敖也回不了學院，他當時嫌「白首下書帷」太早，結果淪爲立法委員。

啊，聰明的李敖，走過最多幽徑的李敖，讓我們一起重溫佛洛斯特（Robert Frost）

〈未走之路〉（**The Road Not Taken**）的一段：

Oh, I kept the first for another day!
Yet knowing how way leads on to way,
I doubted if I should ever come back.

啊，同學們，你們要小心大學的第一年，特別要小心那年看的書。一九七二年三月十三日，大學第一年下學期，我買了傳奇的張愛玲的《張愛玲短篇小說集》，形勢越發險峻。其後，我還看了更多書，可能是太多書，如果我放聰明一點，就該知道收斂，但當時年少氣盛，難怪畢業後一出道就走上一條有路徑依賴的不歸小徑，連後來好不容易地遇上兩徑當前，我總還是慣性地選較幽的徑。

說到頭，都是那些台灣紅作家惹的禍。

可笑的是到了今天，一說到中文作家，我第一反應不是在想香港，也不是大陸，而是台灣！一代接一代、在台灣出版、靠台灣揚名的廣義台灣作家們，毫不含糊地是我中文文學想像的母體，就是憑他們一CC派克墨水的藍色，灌溉了我好幾個不毛的中世紀。

（二〇〇五年）

# 兩岸三地中文

## ——多款一中

跟兩岸三地的朋友交談，常常感到三地慣用的詞有些是不一樣的，挺有意思。

譬如：香港的民間粵語，常用一個「搞」字，有冇搞錯、搞掂、搞搞震，而大陸官方用語有一陣子也用「搞」，搞革命、搞生產、搞男女關係。倒是台灣人好像是本來不怎麼搞的，可能正是如此，台灣音樂家羅大佑在九十年代移居香港後，大概整天聽到香港人搞這個搞那個，遂想出「搞搞新意思」這樣的歌詞，這用法並不是香港固有的用法，但香港人也樂於接受，可見我們多喜歡搞，或搞搞。

能廣爲流傳的方言用詞大概反映了地方的特色，特別是地方的強項，譬如早就流行全國的廣東話是「生猛」，反映廣東人的愛吃，特別是吃海鮮。現在大陸有些年輕人學周星馳說「我走先」，也反映香港電影一度的強勢。

政治中心的強勢當然也起作用。譬如，前國家主席江澤民說「與時俱進」，前香港特區首長董建華就在施政報告說「與時並進」，現國家主席胡錦濤說「以人爲本」，董建華就在施政報告說「以民爲本」，有創意吧！

北京人很喜歡說：是嗎？譬如我說：你叫我辦的事，我辦好了！北京人會回應一句，是嗎？他並不是在懷疑我。但是大陸許多地區不習慣說「是嗎」？他們喜歡說「眞的」？台灣人就特愛說「眞的」，我們可以想像如果北京人對著台灣人說「是嗎」？說不定有些台灣人會以爲北京人在懷疑他。有時候語言引起誤會還眞容易，是嗎？眞的。

英國反諷名作家王爾德有兩句名言，第一句是「英國和美國是被一種共同的語言所分裂的兩個國家」。第二句更清楚：「我們英國人現在其實一切跟美國人都是共通的，當然，除了語言」。

當然，就是搞笑之言，英美的英文再不一樣，也沒有互相看不懂。兩岸三地中文情況也接近：不完全一樣，但也不會完全看不懂。

八十年代我在香港搞電影，香港電影都有中文字幕的，那時候台灣市場很重要，除了國語版請香港說國語的北方人配音外，字幕也是請那些操國語的中文比較好的香港北方人，把粵語對白改寫成國語字幕。我們以爲做得很周全了，但後來我才知道，台灣連說國語的外省觀眾都一直覺得我們香港電影裡的字幕有點怪怪的，原來香港說國語的人的標準中文跟台灣說國語的人的標準中文已經不一樣了。

我常發現用中文寫作的香港人，心裏面往往有個陰影，怕自已的中文不夠標準、不夠正宗，過去更曾經有學者拿這來說事，鼓吹所謂純正中文。香港不少文化精英很努力地想把自己的中文純正化，因此也最焦慮。大陸台灣固然也會試著規範中文，但只是爲了用字符號的標準化，而不是懷疑自已的慣用中文是不正宗的。相反，它們都認爲自己才是正宗的，結果，看看兩岸應該是最規範的書面語，那些公文、官方文句，還眞的不太一樣。

香港的作家是挺可憐的，你看看許多香港的小說，裏面的人物明明是當代香港人，但他們的對白，基本上是白話文國語普通話，而不是現實生活裡他們身分應說的生猛廣東話。

這方面北京作家心裡最踏實。那些寫現在的北京的小說家，把北京的流行話語都寫在小說裏，從來沒想過其他地方的人看不看得懂。老舍這樣做，叫京味、到了王朔叫新京味。有一次我說，你們北京作家多幸運，說得出就敢寫，別人看不懂就得學。他們說，還眞沒想過存在著這樣的問題。

可憐地方上的中文作家，要在上下文自明的情況下，在想像的標準中文書面語之下，加點特色方言俗語，作爲風味點綴。對地方作家來說，寫作中的方言俗語只能適量，多了其他地區讀者就看不懂，有點像改良過的地方風味菜，太原汁原味倒怕別地方人不愛吃。

不過，在上世紀白話文建構之初，卻對方言文學另有期許。當時有人說：「今日的國語文學在多少年前都不過是方言的文學，正因爲當時的人肯用方言作文學，敢用方言作文學，所以一千多年之中積下了不少的活文學，其中那最有普遍性的部分逐漸被公認爲國語文學的基礎。我們自然不應該僅僅抱著這一點歷史遺傳下來的基礎就自己滿足了。國語的文學從方言的文學裏出來，仍需要向方言的文學去尋他的新材料，新血液，新生命」。

說這話的不是別人，而是白話文的創導者胡適（《吳歌甲集》序）。

甚至到了一九三〇年，胡適還在替吳語小說《海上花列傳》寫序，他說：「中國各地的方言之中，有三種方言已產生了不少的文學。第一是北京話，第二是蘇州話吳語，第三是廣州話粵語」。

他又說：「方言的文學所以可貴，正因爲方言最能表現人的神理。通俗的白話固然遠勝於古文，但終不如方言的能表現說話的人的神情口氣。古文裏的人物是死人；通俗官話裏的人物是做作不自然的活人；方言土話裏的人物是自然流露的活人」。

我們國族的白話文國語倡導者竟如此肯定地域特殊主義，實在不可思議，原來白話文要替代的是文言文，而不是針對方言，並且方言是被認爲可以豐富白話文和國語寫作的。

胡適對方言文學的肯定是很清楚的，但是他對方言文學寄望過高，方言文學在中文文學的歷史發展中並沒有如胡適所料的扮演重大的角色，國語白話文文學是遠蓋過方言文學的，方言連對白話文寫作的影響，也不如文言文，恐怕還不如日本翻譯新詞和歐化翻譯語體。但有一點可看到，在胡適一九三〇年的觀念中，白話文和國語並沒有一種不變的標準，沒有預設一種其他人只准模仿、學得最像者得最高分的所謂正宗中文。胡適所持的是一種動態發展觀，期待著中文的演變。

半個世紀後，張愛玲覺得有責任將胡適認爲「是蘇州土話的文學的第一部傑作」《海上花》，改寫爲國語。她在「譯者識」裡說：「全部吳語對白，海上花是最初也是最後的一個，沒人敢再蹈覆轍……」。

全部吳語對白，沒人敢再蹈覆轍，可見哪怕是最傑出的方言小說，要讓更多人接受，還是要翻譯成國語。

不過張愛玲還帶著跟胡適一樣的一廂情願，她竟說：「……粵語閩南語文學還是生氣蓬勃，閩南語的尤其前途廣闊，因爲外省人養成欣賞力的更多。」

張愛玲是中文寫作的大家，卻對方言文學有著錯愛，只是她也完全高估了地域方言閱讀的習慣，事實上，雖然台灣有人提倡土語寫作，但粵閩方言文學怎麼看都說不上生氣蓬勃。

全部用方言寫作，譬如用香港粵語寫作，別地區人不說，連香港人也看不懂，除非他一個字一個字地念，但這違反了閱讀習慣和效率，甚至謀殺了閱讀樂趣。

純方言的寫作會趕跑絕大多數的人，包括說那種方言的人。

當然，個別寫作人可以用任何方式寫作，包括方言寫作，那是他的自由，只要他忍得住寂寞。

可以說，除了北京方言外，其他中文方言文學從來沒有起來過。可以說，有的只是帶著地方色彩的書面語寫作，沒有大規模的方言文學風潮。

白話文書寫，作爲當代中文書面語寫作的原生態，本來就是沒有單一標準的，並且一直是有限度地有著方言俗語入文，特別是北京方言俗語入文，然而更多是文言文入文，外來新詞入文，洋化句子入文，更不說網絡中文，嘻哈音樂中文等情況。

但是兩岸三地的中文仍有著很大的共通性，雖沒有想像中的統一純正，可是也沒有走到另一極端，即全面方言化、部落化或洋涇濱化至互不理解鹿分裂主義是不成氣候的。

中文內部存在著差異和混雜，只表示了中文是活的、文化是活的。中文的轉變，也表示著操這語文的人的轉變。我們不能往後退，退到自己的鄉村的竹籬笆內，或退回大一統的鐵籠裡——純粹主義也是站不住腳的。

我們應該包容、尊重，甚至享受，互相混雜卻有差異的中文書寫、搞搞新意思的中文。

巴基斯坦裔英國作家哈尼夫・庫雷西（Hanif Kureishi）有一篇小說的名字叫〈你的舌頭在我的喉嚨〉。

沒錯，如果我願意，我歡迎甚至享受你的舌頭在我的喉嚨，但如果我不同意或心情不好，請不要硬將你的舌頭塞進我的喉嚨。

總結：中文從來都是在轉變中，不用過分擔心中文會分裂。

現在政治上，有所謂兩岸一中。

套到文字上，兩岸三地的中文是：一種中文，多種款式，可稱爲「多款一中」，這情況下，方言寫作不可能急獨，標準中文也不必強求急統，最好是不統不獨，求同存異，只要承認一中，順其自然地等時間來搞定。

多款一中的意思是：從來就是混雜和多樣的當代中文，在一種想像中的所謂書面語共同標準下，並在白話文和普通話約定俗成的歷史發展軌跡、讀者的認受局限等多種制衡下，各地方、階層、族群、性別、世代、載體、以至個別寫作者，仍然可以有限度地作出「一種中文，各自表述」。

（二〇〇五年）

# 愛富族社交語言
## ——英文關鍵詞

●AFFLUENT CLASS——富裕階層（愛富階層），後匱乏的富裕社會的中上階層。愛富階層一般而言財富在小康、雅皮和中產之上，富裕是富裕，卻算不上有巨大財富，僅是「愛富」，不是「巨富」。愛富一族我建議稱之爲愛富族。使AFFLUENT一詞普及起來的是美國經濟學家加爾布雷思（John Galbraith），他的一九五八年名著*The Affluent Society*曾經中譯爲「富裕社會」、「富足社會」或「豐裕社會」，描述美國二戰後，連不少工農階級都不再匱乏，不過富裕資源花在私部門的消費品，而公部門的基建如教育、社會服務、環境保護的資源卻並不充足。這詞後被廣泛用來指涉已富起來的社會，失去加爾布雷思原有的反諷意味。

●AFICIONADO——發燒友，對某類消費、文化、趣味、生活有熱愛的人，西班牙原文常指鬥牛迷。

●ANDROGYNY——陰陽兼株，雌雄同體，男女共身，形容詞是ANDROGYNOUS，一般指生理肉體上，也可指風格精神上。一般不分性別、男女適用的風格、服務和物品只叫UNISEX。

●ANGLOPHILE——崇英派，非英國人但熱愛一切英國的人、語言、文化、事物。崇法爲FRANCOPHILE。

●ARRIVISTE——剛剛加入或努力接近上流社會或富豪圈的人，是略帶貶意的法文，近SOCIAL CLIMBER（向社會上層爬的人）。終於成爲上流社會一份子的人被認爲是ARRIVED（抵達了）。

●BAR HOPPING——一個晚上混幾家酒吧，亦叫PUB CRAWLING。連去幾處電子舞廊叫CLUB CRAWLING。每晚待同一酒吧至醉、直呼酒保名字的叫BARFLY（酒吧蒼蠅）。

●BLING BLING——形容巨大閃亮搶眼首飾的俚語，從非裔HIP-HOP（嘻哈）、RAP（饒舌）樂手圈流行開來。亦作BLING。

●BLOG——博客（部落格），是在網路上的一種流水紀錄形式，源於WEBLOG（網誌），一九九七年約恩·巴傑（Jorn Barger）首次使用這詞，一九九九年Peter Merholz首次縮稱blog。使用者叫BLOGGER（部落客）。

●BOBO——波波或布波，經濟上BOURGEOIS（布爾喬亞），文化上BOHEMIAN（波希米亞），生活價值消費上各取所需，出自美國新保守派文化評論家大衛．布魯克斯（David Brooks）二○○○年的《BOBO族——新社會菁英的崛起》（*Bobos in Paradise*）一書。布魯克斯認爲這些混合嬉皮和雅皮的高學歷富裕「實力精英」是新統治階層。波波的服裝風格叫BOBO STYLE，混合新舊、貴平於一身。城市的流浪者叫BOHO。

●BOTOX——注射小量可以致命的「肉毒桿菌毒素」入臉部以除皺增光滑，是愛美人士天大喜訊，全稱botulinum toxin type A，Botox是美國品牌，英國的叫Dysport。

●BOUTIQUE——精緻高級的小時裝店、飾物店等。可作爲形容詞，如BOUTIQUE HOTEL（精雅小酒店）。

●BREAKFAST MEETING——上班前邊吃早餐邊開會的加班，美國企業專喜歡這套。

●BUSINESS CLASS——航班飛機上的商務艙，亦作EXECUTIVE CLASS，比FIRST CLASS（頭等艙）便宜，比COACH（大艙）、ECONOMY CLASS（經濟艙）舒適。亦指商業階層。

●CAMP——坎普，一種欣賞某些過分事物的審美態度，評論家桑塔格所說的坎普「是一個女人穿著三百萬條羽毛做成的衣服到處走」，那態度是反諷的，輕浮地對待嚴肅的事物，嚴肅地對待輕浮的事物。

●CAVIAR——俗稱魚子醬，實爲鹽泡過的大魚的卵，如珍貴的俄羅斯 BELUGA（鱘魚子）。

●CELEBRITY——名流，當時得令、廣爲人知，或在某個圈子備受矚目、談論的鋒頭人物。

●CHAMPAGNE——香檳，原產自法國東北香檳區，帶汽、淡色的白葡萄酒，及其模仿者。

●CHEF——廚師、餐館的廚房主管。現有名廚是社會名流，並有名校如巴黎 Cordon Bleu。

●CLASS——階級，也指階層，另可形容上等風格或風度，上海話「老克臘」可能源於此字。

●CLICHÉ——因重複和濫用而變成老套的事物，包括曾經是新鮮的或時髦的。

●CLUBBING——去播電子舞曲的俱樂部玩。

●COGNAC——法國西部的白葡萄釀出的 BRANDY（白蘭地），被稱爲「液體的金」，現較常分 VS、VSOP、XO 三級，而其中確是干邑區出產的有標明 Cognac，Fine Champagne 之字，由歐盟法律保護。另一同樣有法律認可的白蘭地是 ARMAGNAC。

●CONNOISSEUR——鑑賞家，對某類物品或經驗有豐富認識並能作高品味的辨賞。那本領叫CONNOISSEURSHIP。

●CONSPICUOUS CONSUMPTION——顯眼的消費，帶炫耀和競爭性質，源自美國經濟社會學家凡勃倫一八九九年的名著《有閒階級論》（*The Theory of the Leisure Class*），凡勃倫認爲自古以來的社會，有人從事財富生產，另有人只揮霍財富來顯示地位，炫耀則可分價錢的炫耀、空閒的炫耀、浪費的炫耀。後有美國社會學家貝爾說，時裝和前衛藝術是勇氣的炫耀。

●COOL——酷、冷靜、冷姿態、處變不驚，在上世紀三〇年代美國黑人爵士樂手的俚語裏，用來表示夠棒，二戰後演變出更多涵義，表示夠時尚、世故得體、懂擺譜、這人可被接受等。時尚俚語此消彼長，但酷越演越烈已全球化。另一與酷幾乎共生但稍欠普及的是HIP（嬉），酷、嬉的人叫HIPSTER（嬉客）。上世紀中亦作BEATNIK（垮掉的一代）。

●COSTUME PARTY——化裝舞會，也叫MASQUERADE。

●COUNTRY CLUB——鄉村俱樂部，位於郊區的運動、休閒、社交的高級MEMBERSHIP（會員制）會所。另有主倡一種活動的如GOLF CLUB（高球會）、YACHT CLUB（遊艇會）。在市中心的叫CITY CLUB。

●CUISINE——菜系，烹飪的特殊方法和風格，法文原意是「廚房」。兩種菜系揉合出新的創意菜叫FUSION CUISINE或單稱FUSION，如越南法國菜、日本義大利菜，上世紀九〇年代一度是FINE DINING（精緻進膳）的新潮，現一方面廚藝和原料混合更普遍了，另方面作爲招徠卻不再吸引，甚至有負面效果。同樣名重一時但作爲時尚則早已退潮的是七〇代開始的新法國菜NOUVELLE CUISINE，用油和醬比傳統的高級法國菜HAUTE CUISINE爲輕淡，卻更重視香料和視覺上的創新。各地有地方菜系，如CALIFORNIA CUISINE（加州菜）、TEX-MEX CUISINE（美國德州墨西哥菜）、PROVENCAL CUISINE（法國普羅旺斯菜）。相對於FAST FOOD（速食），現有SLOW FOOD（慢餐或慢食）運動，著重當地材料與地方食譜。

●COWBOY——當代用法是指美洲牛仔，或魯莽不可信的人。因電影名稱而流行的有DRUGSTORE COWBOY（在藥房外街頭消磨時間的吸毒者）、MIDNIGHT COWBOY（午夜牛郎、男妓）。一些美國鄉村西部樂手因其萊茵水晶石衣飾被叫作RHINESTONE COWBOY。在網世界指HACKER（駭客）和CYBERPUNK（賽伯朋克）。

●DANDY——單屌，十九世紀末及二十世紀初的英國詞，現一般指揮霍、愛玩、愛打扮的上流社會痞男人。

●DEBUTANTE——原指首次被皇室接見的貴族少女，或正式參加貴族或上流社交舞會的年輕名媛，現泛指初涉足社交場合的名門閨女。

●**DECADENT**——頹廢。美學上有過度精緻的意思。尼采說頹廢是病狀，但令你有敏銳眼光去理解道德「在神聖的名義和價值準則之下暗藏著什麼：貧困的生活，終結的意志，高度的倦怠」。

●**DESIGNER**——現在什麼產品都講究設計，往往在前面加「設計師」三字，如 **DESINGER WATCH**（設計師手錶）、**DESIGNER LINGERIE**（設計師內衣）、**DESINGER KITCHEN**（設計師廚房）、**DESIGNER LUGGAGE**（設計師行李袋）。這個全球化現象濫觴於皮爾．卡登（Pierre Cardin）。

●**DETOX**——清體內毒素，全稱 detoxification，一般要靠服用一些藥品，現下時髦的是服 Sun Chlorella。有些認爲斷食也可清體毒。

●**DINK**——頂客族，同居或已婚男女各有收入沒有小孩，double-income-no-kid 的英文縮寫。

●**DIVA**——帝娃，指在歌唱、舞台以至模特兒等演藝領域裏有地位有影響有魅力也有了一定年齡的女人，一般還要在外貌衣著上是極有派頭的。年事再高地位再穩一點就上了殿堂，叫 **DOYEN**（宗師）。類似對極資深女強人的誇詞還有 **PRIMA DONNA**（主唱花旦）和 **HIGH-PRIESTESS**（女高級神師）。

●DIY——自己動手合成或製造，全稱 do-it-yourself。現有專爲DIY市場而做的半成品。

●DOGGING——新近英國現象，可譯作「狗交」，指在公共場所特別是公園裡與陌生人交歡，任人旁觀，並用手機短信臨時邀人加入。

●DRESS CODE——高級餐館和社交場合的衣著規定，如BLACK TIE（禮服），FORMAL（正服），LOUNGE SUIT（酒廊服，實爲普通西裝，相當於美國的BUSINESS SUIT）和現在常見的SMART CASUAL（醒目便服）。有些地方明文不准穿短褲、球鞋或裸露上身，或沒有衣著規定，男禮服叫TUXEDO，簡稱TUX。

●DRESS DOWN DAY——美式企業作風，在週末甚至週五（CASUAL FRIDAY）不穿正式服裝改穿休閒服上班。

●ELITE——精英，崇尚精英的理念叫ELITISM（精英主義），自抬精英身價的人爲ELITIST。

●EPICUREAN——一般指追求樂趣享受，尤其指美食。字源是伊壁鳩魯學派，認爲人生應去苦求樂，不過該派認爲樂是來自有節制的簡單生活。感官享樂主義者叫HEDONIST，希臘字源是甜美之意。

●ESPRESSO——特黑的義大利式強濃咖啡，添加熱奶成CAFFE LATTE，簡稱

LATTE，上再加熱奶泡變CAPPUCCINO。在巴黎，加奶咖啡往往只叫CAFÉ CREME而不是全球流行的CAFÉ au LAIT。

●ESTHETE或AESTHETE——以美爲尚、唯美主義者。

●ETIQUETTE——社交禮節。

●EUROTRASH——歐洲派頭、時尚富裕、自認爲有品味有文化、飛來飛去、不事生產的享樂主義者，被譏爲歐洲垃圾。

●EXCLUSIVE——獨有，別人得不到，現往往指限量而已。

●EXPATRIATE——簡稱EXPAT，廣義是僑民，一般指外企裏享有海外雇員待遇的人，自費到處混的老外不在此列。

●FACTORY OUTLET——工廠出口剩餘的現貨平賣零售點。

●FAKE——假，人可以假，貨更可以假冒僞劣。亦作COUNTERFEIT（僞造），相對於AUTHENTIC（眞）、ORIGINAL（原創）。

●FAN——迷、現常譯作「粉絲」，如球迷、樂迷、影迷。對電影著迷的也叫FILM BUFF或CINEASTE（影癡）。

●FASHION VICTIM——時尚或時裝的受害者，帶嘲諷或自嘲意味。

●FEMME FATALE——具有致命的誘惑力、足以令男人不顧後果去追求的女人。外貌和風格誘人、擅用性手段來套男人的女人叫VAMP。

●FETISH——迷戀、崇拜某些物品。那戀物的人叫FETISHIST，那理念叫FETISHISM。弗洛依德認爲戀物狂明知故犯地以實物或身體某部分來代替慾望和狂想，以消解閹割情結。

●FINISHING——物品的修飾完工；物品是否精緻，要看局部細節，所謂上帝在細節裏。

●FINISHING SCHOOL——年輕女子修習禮儀和家政的專門學校，現在嚴格來說全世界只有一家，在瑞士。

●FLANEUR——大城市內、有時間無目的、帶著美藝或哲思眼光的步行漫遊者，十九世紀上半葉的巴黎詩人波特萊爾（Charles Baudelaire）是一個原型。

●FLEA MARKET——跳蚤市場，街頭露天舊貨市集。

●FLIRT——調情，用語言、眉目和身體語言勾引對方，卻沒說白或全接觸，進可攻退可守。

●FOIE GRAS——法文，音法瓜，原意肥肝，一般指GOOSE LIVER（鵝肝）。

●FRATERNITY——這裡指大學生的兄弟會，成員嘲稱FRAT BOY。新生往往要經過HAZING的刁難和儀式才能成爲會員，故有些大學不鼓勵成立兄弟會。姊妹會叫

SORORITY。

●GIGOLO——一般指賺女人錢的異性戀男妓，現常譯作「鴨」。

●GLOBETROTTER——足跡遍全世界的忙人。以前流行的詞是JET-SET——坐噴射客機到處飛的一群，那人是JET-SETTER。

●GOSSIP——八卦，聊他人私事，西洋戲語：如果真相將造成更大的破壞，人們就絕不會去說謊。原意是指宗教上的教父教母，莎士比亞用此字指涉熟朋友、製造愉悅和聊得太多等義。

●GOURMET——懂美食的人。可用作形容詞如GOURMET FOOD，指高級美食。特別要吃好的人亦叫FOODIE或GOURMAND。一般美食叫DELICACIES，出售美食的小店叫DELICATESSEN。

●GUILTY PLEASURE——有內咎的樂趣。像是永遠覺得自已不夠瘦的女模去吃Häagen Dazs，電影學院老師在家看《霹靂嬌娃》。

●GURU——上師，一般用在南亞、中亞、北非或西藏的靈修或技藝的授師，在日本的叫SENSEI（先生），中國的叫SIFU（師傅）。事業或學藝上指導提拔你的叫MENTOR。

●GYM——健身館，全稱gymnasium原指體育館。

●HAS-BEEN——曾經是個鋒頭人物、或曾經是時尚，但已過氣。更損人的說法是 HAS-BEEN-AND-NEVER-WAS（已經過氣卻從來算不上是個人物）。

●HAUTE COUTURE——原意高級縫紉。用這法文詞的人絕不肯用中譯，十九世紀中後開始的服裝傳承，一九四五年後只有不到二十家受法國工業部法律規範的時裝設計所才准用這兩字，其他量身訂造的衣服，不管多貴，都只能叫 TAILOR-MADE（裁縫訂造）或 CUSTOM-MADE（量身訂造）。當然，現在誰管這些自說自話的法國規矩，訂造的高級服裝都自稱 HAUTE COUTURE。

●HIGHBROW——從高等文化精英的視角，在上位靠智聰者叫高眉，在底層靠本能者叫 LOWBROW 低眉，不高不低兩頭落空、最被看不起的是 MIDDLEBROW 中眉。以高眉自許的吳爾芙稱之爲「眉的戰爭」。現在三種稱呼都可帶有反諷或貶意。

●HIGH SOCIETY——上流社會。在涉指社交界時，常簡稱 SOCIETY（社會），如王爾德名言：「永遠不要對社會說不敬的話。只有進不去的人才這樣做」。

●HOMOSEXUAL——同性戀，亦作 GAY，是沒有貶意的稱呼，現一般指男同性戀者，另以 LESBIAN 指女同性戀者，簡稱 LES。雙性戀者是 BISEXUAL，異性戀者是 HETEROSEXUAL。

●IMPULSE BUYING——見獵心喜，臨場臨時決定的衝動式購物消費。亦作

IMPULSIVE BUYING。

●IN——當時得令的時髦，相對於OUT，剛過時的時髦。IN的事物就叫THE IN THING或THE THING。不過這in字本身已經out了。

●JEWELRY——珠寶首飾，英式拼法是JEWELLERY，用貴重金屬製成，可鑲上GEM（珍寶），如DIAMOND（鑽石）、RUBY（紅寶石）、SAPPHIRE（藍寶石）、PEARL（珍珠）以至SEMI-PRECIOUS STONE（半寶石）。非貴重首飾叫COSTUME JEWELRY。

●KITSCH——刻奇，曾譯作媚俗，一般指廉價產品，如用蒙娜麗莎之類名畫像製成的煙灰缸，亦可擴大到小說家昆德拉所說的，刻奇是「把愚蠢和現成觀念翻譯成美和情感的語言」。

●LIMITED EDITION——限量發行，賣完即止，以稀有來提價促銷，如限量的某款時裝或首飾、印數有限的名畫精裝複印版、作者親筆簽名的精裝書。

●LOUNGE LIZARD——賴在酒廊、尋覓女人來養自己的男人。

●LOVER——情人。一般指配偶或固定關係之外的談情做愛伴侶，而其中至少一方是已婚或有固定關係的。那不完全公開的關係叫AFFAIR（俗稱曖昧關係、私通）。公開而沒有結婚的只叫COMPANION（伴侶）或男朋友、女朋友。

●LUXURY——奢侈品，原義非必需的享樂品，現指有奢華的感覺，一般指HIGH-END、UP-MARKET、UPSCALE（高檔）和DELUXE、LUXE、PLUSH（豪華）的貨品、服務或環境，但對忙碌的有錢人來說時間才是奢侈品。拉丁文字源是過度之意，現可作褒貶兩用。

●MACHO——同另一西班牙字MACHISMO，貶意，指誇張的男子氣概或雄性外表，人叫MACHO MAN。突出雄性特徵的男人亦叫STUD（種馬）、ALPHA MALE（頭號雄性，在族群裡有權有地位，如猩猩王）。

●MALL——商場，亦作SHOPPING MALL，多商店、室內行人購物場。

●MALT WHISKY——用純大麥芽發酵蒸餾法釀製的蘇格蘭威士忌，相對於用GRAIN（小麥或玉米）蒸餾法的威士忌。若只用一家釀酒廠同年出品的叫SINGLE MALT（單大麥芽發酵），若來自單一木桶的叫SINGLE CASK（單桶），相對於十九世紀出現的BLENDED（混調）威士忌，後者混合不同釀酒廠不同年份的MALT和GRAIN威士忌以調出自己產品的味道，現仍占絕大部分市場。蘇格蘭威士忌叫SCOTCH，美國本土威士忌叫BOURBON（波本，因肯德基州BOURBON縣得名）。美國和愛爾蘭亦有把WHISKY拼成WHISKEY。近年單大麥芽發酵威士忌的受落，引發出SINGLE BARREL BOURBON（單桶波本）、SINGLE VILLAGE TEQUILAS（單村龍舌蘭酒）、SINGLE

DISTILLERY SINGLE DISTRICT COGNAC（單釀酒廠單區干邑）等高檔產品。

●MAN OF THE WORLD——見過世面的男人，亦有WOMAN OF THE WORLD之說。

●MELANGE A TROIS——三角戀關係。現腳踏兩條船叫「劈腿」，可譯作SPLIT LEGS。亦指三種葡萄混在一起的酒。

●METROSEXUAL——都會性感男或都會玉男，指喜愛大城市生活、帶點自戀的男人，一般是指異性戀者，卻如同性戀者和女人一樣講究性感服飾打扮健美，渴望別人的凝視目光，一九九四年由英國馬克·辛普森（Mark Simpson）提出，而二〇〇二年他在美國salon.com再撰文後被時尚媒體廣泛引用。

●MIDDLE CLASS——現一般指中產階級或中收入階層，舊歐陸定義是指布爾喬亞或資產階級。

●MISTRESS——情婦。中文的二奶、阿二，有CONCUBINE（妾）的暗示和舊式KEPT WOMAN（被包養的女人）的含意。至於女人花錢，男人埋單，那人不是老爸也不是老公，而是援助交際的年長男人叫SUGARDADDY（糖爸）。

●MIX AND MATCH——混合配搭，可用於服裝、傢俱等。配件叫ACCESSORY。

●MOST ELIGIBLE BACHELOR——最好條件的單身異性戀男人、鑽石王老五、結婚的最理想對象。受寵的王老五一不小心易成PLAYBOY（花花公子），新中國舊稱流氓。

●NEW AGER——新時代運動份子，美國一九六〇年代COUNTER-CULTURE（反文化）的衍生，認爲人類開始進入NEW AGE（新時代），主張性靈追求、個人發揮、整全醫療、注重生態，以至學習冥想、水晶療法、星座和各種玄學。

●NEW POOR——新貧族，中國媒體用詞，指收入已脫貧卻因消費過度致貧的年輕城市族群。

●NEW RICH——新富族、新富人，在後發國家脫貧地區一般是指先富起來的族群。中國新聞媒體在網路熱期間常用來形容科網管理層。

●NOSTALGIA——懷舊。

●NOUVEAU RICHE——法文暴發戶、新發財，帶貶意，往往是指格調品味庸俗卻愛炫耀揮霍的新有錢人，英文NEW RICH也可以作同樣貶意解。

●ONE-NIGHT-STAND——中文美其名爲一夜情，指與陌生人一夜了的性。

●ORGANIC FOOD——有機食物，植養生產過程沒有滲染農藥、化肥、促長激素、抗生素、色素、人工添加劑、離子放射和基因改造。健康食物總稱HEALTH FOOD，自然食品是NATURAL FOOD。

●ORGY——集體狂飲、嗑藥和性交的聚會，舊義ORGIES是指希臘羅馬時期的對酒神之類作狂野儀祭。

●OVER-DRESSED——去公眾場合或聚會時，穿得過分隆重。若穿得過分隨便，叫UNDER-DRESSED。

●PAPARAZZI——狗仔隊，一個或一群拍攝名人私生活以換取金錢的人。

●PARTY ANIMAL——派對動物，逢重要派對必到的人。

●PERSONAL TRAINER——本是指受你獨家雇用、只替你一個人全職服務的健身教練，現往往是指你只找他／她來教，而練習時是單對單的。

●PET PSYCHOLOGIST——PET（寵物）心情不好，要帶去看寵物心理醫生。紐約儀態幽默作家拉波維治（Fran Lebowitz）說那些常換情人的人皆有寵物，因爲每個人總需要一個跟自己水平差不多的長伴作爲談話對象。

●PETIT BOURGEOIS——亦作PETTY BOURGEOIS，小布爾喬亞或小資產階級，舊義是指小店主、小買賣老闆、小經理以至技工，屬中產階級的中下層，用來形容生活風格的時候是帶貶意的，而中國媒體用的「小資」一詞，指城市裡講究情調品味享受的年輕人消費姿態，是對舊義作中國特色的創意的誤讀。

●PLASTIC SURGERY——外科整型手術，亦作COSMETIC SURGERY（裝飾性外科手術）。

●POWER DRESS——權服，讓人以爲你是有權有勢的，男的是指穿配套西裝，往往打鮮紅色或鮮黃色領帶以加強效果。

●POWER LUNCH——上世紀八○、九○雅皮年代流行的詞，能量壓縮在四十五分鐘的商業午餐，也曾流行說 Let's do lunch。

●PRE-NUPTIAL——婚前之意，結婚前已說明 DIVORCE（離婚）條件或死後財產分配的法律契約叫 PRENUPTIAL AGREEMENT，贍養費叫 ALIMONY。

●PRET-A-PORTER——成衣，即 READY-TO-WEAR，相對於訂造的 HAUTE COUTURE。時裝名牌常舉辦成衣時裝展。

●PREPPIE——不賴痞。昂貴著名中小學，在美國叫 PRIVATE SCHOOL（私立學校），亦叫 PREPARATORY SCHOOL，簡稱 PREP SCHOOL（預備學校），預備什麼？預備進昂貴著名大學；一直保持那種昂貴私學校儀態打扮、生活不賴的叫不賴痞。在英國，好家庭子女寄宿的文法中學則叫 PUBLIC SCHOOL（自費寄宿中學），準備進 PUBLIC SCHOOL 的小學也叫 PREP SCHOOL，但沒有 PREPPIE之說。

●PROMISCUOUS——性方面很隨便。濫交的女人叫 SLUT，但不等於壞女人，有「道德的濫交女人」一說。

●QUEER——酷兒，現泛指同性戀者、雙性戀者、變性者、反串者等對異性戀主流的逾越者。酷兒接受自己的性傾向和身分認同，要求社會承認，故此身段是歡樂的、挑戰的，不是悲情的、含蓄的。中國性學者李銀河說酷兒原是西方主流文化對同性戀者的貶稱，後被性別激進派借用來反諷自稱。現有女同性戀者不介意被稱爲DYKE（通指男子氣的女同性戀者）。

●RECREATIONAL DRUG——娛樂用而不是醫療用的藥品，可分爲：在大部分國家合法的酒、煙、咖啡、茶，和在大部分國家不合法的「毒品」，包括有機軟性藥品如迷幻蘑菇和大麻，合成藥品如迷幻藥（LSD）和以中國爲主要生產地的木察樹油所衍生的MDMA（ECSTACY，搖頭丸）；硬性藥品如海洛英和可卡因。有關名詞：CLUB DRUG（俱樂部藥品）、DESIGNER DRUG（設計師藥品）、STREET DRUG（街頭藥品）、SOFT DRUG（軟性藥品）、SYNTHETIC DRUG（合成藥品）、HARD DRUG（硬性藥品）、SUBSTANCE ABUSE、OVERDOSE（過量）、HIGH（飄然）、HALLUCINATION（幻覺）、ADDICTED（上癮）。

●RESORT——休閒娛樂VACATION（渡假）的地方，爲渡假娛樂而建的酒店是RESORT HOTEL。滑雪渡假地是SKI RESORT，主要爲打高爾夫的是GOLF RESORT，熱帶水世界勝地是TROPICAL RESORT，有賭場的是CASINO RESORT。

●RETRO——回潮、舊潮重熱、仿舊潮，如有關上海摩登的想像，大家不一定當年身歷其境，不同於對自己生命中某一段經歷的懷舊。

●**SADOMASOCHIST**——簡稱S&M，癖好從虐人和被虐中得到樂趣。單是虐待狂叫**SADISM**，因十九世紀初作家薩德侯爵（Marquis de Sade）而得名。法國左翼情色思想家巴泰夷（Georges Bataille）預告了後結構的傅柯（Michel Foucault）而說：通過薩德變態的幽徑，暴力終於進入意識。

●**SAVOIR-FAIRE**——應對得體的社交能力。

●**SECOND LINE**——時裝名牌的二線副牌，價格較正牌低，往往款式較年輕或較運動型，如Donna Karen的**DKNY**，Calvin Klein的**CK**，Prada的**Miu Miu**，Armani的**Emporio Armani**、**Armani Exchange**和**Armania Jeans**。

●**SEE AND BE SEEN**——打扮得漂漂亮亮去一些場所，爲的不就是看人和被看。

●**SIGNATURE**——名家的署名式代表作，作爲形容詞來用，如**SIGNATURE BUILDING**、**SIGNATURE PROJECT**、**SIGNATURE DISH**。

●**SHOP'TIL YOU DROP**——拚命逛買直到倒下，大陸愛富族女人的香港自由行就是這麼過的。

●**SHRINK**——心理醫生。

●**SNOBBISH**——死腦不屑，一般叫勢利、白鴿眼，由財富、社會地位、品味甚至學識技藝衍生的高人一等姿態，名詞爲**SNOBBERY**或**SNOBBISHNESS**，人叫**SNOB**。字源十九世紀二〇年代英國伊頓學校。美國經濟學指出兩種促進銷售的進路：勢利效應的消費者要的是別人買不起或還沒懂的東西，而「趕大隊」（**BANDWAGON**）效應的消費者則怕跟不上會錯過什麼，故人家買自己也非得買。

●**SOCIAL BUTTERFLY**——社交蝶，一般指在社交場合活躍得特耀眼的女人或男同性戀者，微帶調侃意。上流社交場合的名人叫**SOCIALITE**。

●**SOHO**——在家辦公，small office home office的英文縮寫

●**SOPHISTICATED**——原意狡假，現指見多識廣、有精密的鑑賞力和豐練的品味，能分辨微異（**NUANCE**）。當然，小布希這樣的牛仔就會以粗爲榮地說：「我不理微異」（I don't do nuance）。相關的有用形容詞：**CLASSY**、**CULTIVATED**、**CULTURED**、**DEBONAIR**、**ELEGANT**、**FINE**、**POLISHED**、**POSH**、**QUALITY**、**REFINED**、**SEASONED**、**SOIGNE**、**SUAVE**、**TASTEFUL**、**URBANE**。相反的貶詞：**CHEESY**、**COARSE**、**GAUDY**、**KITSCH**、**PLEBEIAN**、**SHODDY**、**SLOPPY**、**TRASHY**、**VULGAR**。

●**SPA**——礦泉療浴，也指提供這種服務的地方，現在是享受美膚目的多於醫療目的。使用者往往半炫耀半自嘲地說，這種享受是**pamper yourself**（寵縱你自己）。現在更演變出另一種型態，叫**HEALTH FARM**（健康農場），給有錢人過一陣子斯巴達式嚴格的

自然、有機、規律化的克己生活。

●STRETCHING——拉伸運動，可用機械，往往就在地板上鋪一塊墊。中國以前也有柔軟體操、廣播操和工間操，而太極、鶴翔功之類則已超出此範圍。現下美國重新流行的一種方法叫PILATES，發音是普拉蒂茲，在上世紀二〇年代由身心訓練家約瑟・普拉蒂茲所創，舞蹈大家瑪莎・葛蘭姆和喬治・巴蘭欽皆曾習此技。

●SUPERMODEL——成了名流的名模，年收入由百萬美元起跳才稱得上超級，Kate Moss在二〇〇〇年的身價是二千六百三十萬美元，Naomi Campbell是二千八百九十萬美元，Linda Evangelista是二千九百八十萬美元，Elle MacPherson是四千零三十萬美元。

●SUV——運動型綜能車，全稱sport utility vehicle，揉合PICKUP（皮卡小貨車）和其他車種（JEEP〔吉普越野車〕、STATION WAGON〔旅行車〕、MINIVAN〔廂型客貨車〕）的較新車種，五門高身四輪驅動，在美國歸在輕貨車類，上世紀八〇年代後大爲流行，因耗費能源和安全理由備受批評。現有接近SEDAN轎車的城市用小型MINI-SUV。注意環境保護的歐美日本新時尚是節省能源的HYBRID CAR（二源車）——用兩種能源驅動，一般指電動引擎和內燃機並用的車。現更有HYBRID SUV。

●TABOO——禁忌、忌諱，不能言、不許踫。出自十九世紀對大洋洲文明的人類學研究。一般認爲現在社會的SOCIAL TABOO（社會禁忌）越來越少。

●TASTE——品味／品位、格調，涉鑑賞力。法國社會學家布迪厄根據法國情況，指出階層之間的差異足以反映個人對品味鑑賞的差異，有特定品味的人，知道如何選擇能夠表現自己社會地位的商品與活動，也知道哪些消費行爲是屬於自己所屬階層，在商品選擇上遵循一種階層特有的習性，表現出風格類似的共有品味。

●TASTEMAKER——品味製造者。

●TASTING MENU——試菜菜譜、嘗鮮套餐、老饕菜單，讓你一頓裡盡嘗名廚各道拿手名菜，每道菜分量較小，配以適當的酒。

●TATTOO——紋身、刺青，往往連帶談到PIERCING（穿膚），由穿耳至穿眉、鼻、唇、舌、乳頭、性器官。用者統稱兩者爲BODY ART（身體藝術）。

●TIRAMISU——提拉米蘇。一種義大利很普及的多層奶油甜點，後在北美和全球大城市也流行起來，電影*Sleepless in Seattle*（西雅圖夜未眠）裡說追求女孩子要懂得說Tiramisu。

●THEME PARK——主題公園，亦作AMUSEMENT PARK（娛樂公園）。

●TOOTHING——可譯作「牙交」。據說這新俚語是由英國想找快性的火車旅客開始的，利用藍芽技術的手機和掌上電腦上網，在長途火車或輪船上找同車或同舟臨時性伴，是無線移動和博客的新應用，叫TOOTHING BLOG。

●TRANSEXUAL——變性者。

●TRANSVESTITE——有反串和穿異性服癖好者。男人裝扮成女人亦叫DRAG，炫耀性和帶誇張表現性的男扮女裝者叫DRAG QUEEN。只是打扮行爲像男孩的女孩統稱TOM BOY。外貌打扮男性化的女同性戀者叫BUTCH，也反指故意裝扮得過分雄性的男同性戀者。

●TREND-SETTER——爲趨勢潮流立標竿的人。

●TRICK——趣愛客，一般是受雇於年齡較長、喜歡換性伴的男人或女人。幽默作家拉波維治曾寫〈趣愛客札記〉，戲仿紐約知識份子桑塔格著名文章〈坎普札記〉。

●TRUFFLE——這裡是指法國和義大利最珍貴的美食品BLACK TRUFFLE（黑松露）和WHITE TRUFFLE（白松露），產於西歐某些點如法國Perigord森林和義大利Pietmont區，野生藏於地下，要靠受過訓練的豬狗去尋覓。也指塊菌形狀的巧克力。

●TRUNK SHOW——原意是箱貨展示，上世紀初指推銷員拿著一箱貨直銷給客人，及後有精品店將新貨預展給熟客挑選，一九八〇年代開始有百貨公司辦小型時裝展推銷某一牌子新貨，展完裝箱運到另一分店照辦，近年有美國郵購公司外聘顧問拿幾箱貨到高級住宅區親向熟客推貨，另有名牌預展讓熟客先挑尚未在專賣店上架陳示的新貨。

●TRUSTFUND BABY——信託基金嬰兒，一出生就不愁沒生活費的人，因爲有錢的家族設了基金來關照子女。往往指本身缺才能和事業的富家子女。

●UPPER CLASS——上等階層，舊義是指ARISTOCRACY（貴族階級），現往往只是說巨富族群或上流社會。有閒階層是LEISURE CLASS，有錢階層是MONEYED CLASS，統治階層是RULING CLASS。

●VEGETARIAN——素食，亦指素食者。任何動物的肉和製成品都不用的人叫VEGAN。

●VINTAGE——特別好的年份或陳年有價，如紅酒或其些高價車。

●VOGUE——時髦、時尚、當時得令的外表、行爲、現象。相關的有用形容詞：CHIC、CHICHI、DAPPER、DASHING、FADDISH、FASHIONABLE、FLAMBOYANT、FOXY、GORGEOUS、HOT、IN、MOD、MODISH、SASSY、SHARP、SLEEK、SLICK、SMART、STYLISH、SWANK、SWISH、TONY、TRENDY。相反的貶詞：CORNY、DATED、DEMODE、HAS-BEEN、LOW-END、OBSOLETE、OUT、OUT-OF-DATE、OUT-OF-FASHION、OUT-OF-STYLE、OUTMODED、OLD-FASHIONED、PASSE、UNFASHIONABLE。

●WELL-OFF——「小康」一詞在中外媒體的正式英文譯法。原意是富裕，與WELL-TO-DO同義。

●WINE——這裏只指葡萄酒，酒精濃度在一四%以下，色素來自葡萄的皮，分紅、白、玫瑰紅。佐膳用而價錢低的叫TABLE WINE，餐館一般有常用的HOUSE WINE（店酒），社交上宜知道一些產酒區，如法國的Bordeaux、Burgandy、Beaujolais和美國的Napa Valley，葡萄種類如紅的Cabernet Sauvignon、Merlot、Pinot Noir、Zinfandel，和白的Chardonnay、Sauvignon Blanc、White Zinfandel，以至酒莊名稱、分區、級別、年份等。葡萄酒可能有SEDIMENT（沉澱物），故開瓶後可先DECANT（換瓶）到一個寬頭玻璃瓶（CARAFE）或盛酒水晶瓶（DECANTER），並讓酒BREATHE（呼吸、透氣）。

●WINE TASTING——試嘗葡萄酒，或指集體試酒的行爲。

●WORK HARD PLAY HARD——拚命工作拚命玩，兩頭都不放，被認爲是雅皮行爲。

●YOGA——瑜珈，意「結合」，源自西元前二五〇〇年的印度。

●YUPPIE——雅皮或優皮，是英文縮寫，全稱是young upwardly-mobile professional（年輕、向上移動的專業人士）或young urban professional（年輕、城市的專業人士），一九八〇年代中流行詞，常帶貶意。華人雅皮叫CHUPPIES。

（鳴謝：鄧小宇、周采茨、WK、呂明、黃源順、金玉米、沈清提供部分內容）

（二〇〇四年）

毛主席

# 歧路中國【輯五】

中國的二十世紀，可以說是從清末開始的，現正以慢動作落幕。史家以後

## 當中國崛起

# 墨索里尼的幽靈

《與墨索里尼喝茶》影片故事開始於一九三五年的托斯卡尼，三個愛義大利文化的年長英國婦人，住在迷人的弗羅倫斯，過著喝下午茶、說別人閒話的日子。瑪姬・史密斯（Maggie Smith）的先夫是英國駐義大使，茱蒂・丹契（Judi Dench）是修舊壁畫的波希米亞藝術家，瓊・珀羅瑞特（Joan Plowright）替當地一名富裕的義大利服裝老闆當英文秘書，並領著老闆的年幼私生子去自己的女人聚會，而老闆也樂得讓兒子學點莎士比亞和英國派頭。

當時，墨索里尼已掌權十三年，但法西斯政治似沒有煩到她們或任何人。用瑪姬・史密斯的說法，墨索里尼「就是那個讓火車按時開動的傢伙」、「所有歐洲最優秀的人民都是有帝國的」、「我們活在偉大獨裁家的時代」。

煩的倒是來了兩個美國女人。雪兒（Cher）原是舞孃，嫁個有錢老公後變了藝術品收藏家，看到畢卡索的《阿維濃少女》就喊著要買，還說「哪有這麼低級的老公，連買一幅畢卡索送老婆也不肯」。莉莉・湯姆林（Lily Tomlin）是穿男裝的同性戀考古學家，愛慕著雪兒。

瑪姬・史密斯說：「美國人能把冰淇淋也變得庸俗。」

雪兒是猶太人，卻一點不影響她與高采烈地進出法西斯義大利。

當然，到了一九三〇年代最後幾年，情況有變，服裝老闆不讓兒子跟著這些英美女人混，改把兒子送去奧地利，因為「德意志才是未來」。

瑪姬・史密斯去羅馬找墨索里尼，兩人共進下午茶，並拍照留念，墨索里尼保證一切不變。瑪姬・史密斯回來說：「不錯的傢伙。」

然後歐戰爆發，瑪姬・史密斯、茱蒂・丹契、瓊・珀羅瑞特是「敵對外國人」，被關起來。美國不是參戰國，雪兒倒可以自由活動，很仗義地把三個英國女人贖出來，搬進聖吉米那諾山城的酒店。

不過，雪兒的處境也開始不妙，因為她是猶太人……

《與墨索里尼喝茶》一九九九年，

導演：弗蘭可・齊法利（Franco Zeffirelli）

電影裏的歷史，不可盡信，但也可以感覺到，墨索里尼的義大利法西斯政權，跟大家熟悉的德國納粹不太一樣。

在希特勒上台前十一年，墨索里尼已在義大利建立了一個「經典」的法西斯政制，他跟英國保持友好關係，積極參加國聯事務，挺像個有魅力的政治家、現代的凱撒。

從一九二二年至一九三〇年代中，他的政權在義國內可說是獲大多數人支持，而管治也相對有序，在國際間聲譽甚好。蕭伯納（Bernard Shaw）崇拜墨索里尼，說「終於有了像似負責任的領袖」，只是誤把後者說成社會主義同路人；龐德（Ezra Pound）公開支持義大利法西斯，說墨索里尼延續了傑佛遜（Thomas Jefferson）的事業；弗洛依德送親筆簽名的著作給墨索里尼，上款爲「文化英雄」；美國駐義大使查德（Richard W. Child）在一九二八年替墨索里尼的自傳寫序，稱後者是「此空間此時間最偉大的人物」；至於邱吉爾與墨索里尼的所謂祕密通信大概是以訛傳訛，但邱吉爾在一九二〇年代的確曾稱讚墨索里尼，說他是「活著的最偉大的立法者」和「列寧主義毒藥的解藥」。

二戰後，印象全變。通過英國歷史學家泰勒（A. J. P. Taylor）等廣爲人知的二戰歷史書和紀錄片，墨索里尼給人的印象是個喜在陽台上發表演說的丑角和小打小鬧的流氓，大不了是希特勒的傀儡。

大家的注意力放在更兇猛的納粹和極權主義，而忽略了義大利法西斯主義，後者被認爲是「較輕的害」、「半極權主義」，或如阿倫特（Hannah Arendt）所說：「只不過是多黨民主制邏輯發展出來的普通民族主義專制」。

這個忽略使我們現在說到法西斯其實想到的是納粹，而對更經典、更有當代參照價值的義大利法西斯主義只剩臉譜式的認識。

左派的墨索里尼因支持義大利參加第一次大戰而與當時社會主義主流決裂，在一九一九年成立法西斯黨，但到了一九二五年前他還在尋找一套主張，來配合他與黑衫黨人於一九二二年被請進羅馬並在一九二五年完成專制的行動。他曾引用過自由主義、實用主義、工團主義、馬克思主義、天主教，又曾自稱是和平主義者、無政府主義者、國際主義者、社會主義者、尙戰鷹派、民族主義者、國家主義者。他既用左的平等主義和全民動員，又用右的威權主義和國家主義。當自由派人士於一九二〇年代中創了「極權主義」這詞來批評他，他就索性把該詞據爲己有，自稱推行極權主義。

義大利法西斯政權與之前的保守政權不一樣，前者的大前題是現代化，追求的是美好的未來：一個現代的、工業的、強大的、團結的、向前看的民族國家。

一戰後義大利的民主共和國，生不逢時，在數次社會主義工人大罷工後，陷於癱瘓，社會秩序崩潰。墨索里尼則應運而生，承諾帶來秩序，如他那句名言：「讓火車按時開動」。

墨索里尼還嚴打當時的黑手黨，又用國家名義保證全民就業和全體工資提升。他用什麼方法？

墨索里尼的左翼根源是法國索雷爾（Georges Sorel）那一路結合馬克思主義與非理性迷思的工團主義，特別是指其中帶生產主義的論點：由各行業工會自組委員會接管工廠。由此，墨索里尼和他當時的主要理論家洛可（Alfredo Rocco）發展出一套影響深遠的新經濟政策：統合主義（又稱法團主義、合作主義）。

法西斯的字源意思是捆綁，也有聯盟、統合之意。

簡言之，各大行業的實業家和工人代表坐下來，共組法團委員會來主理經濟，委員會內另派有政府官員和法西斯黨幹部，以平息紛爭，保證所有決定是統合在國家整體利益下。

統合主義保留市場和私有制，不消除階級，但既不是放任資本主義，也不是反市場的蘇聯式共產主義，而是為了國家的利益，在政府和黨的獨裁領導下，實業家和工人合作，統合經濟事務，故被認為是自由市場經濟和指令經濟之外的選擇。墨索里尼的統合主義法西斯主義，當時受各方讚賞。

洛可認為行業壟斷和集團化是可以加快生產力增長。不過，一九二〇年代的義大利並沒有積極進行國有化，經濟上相對放任。

納粹和當時東歐其他法西斯政權皆沒有以統合主義作爲國策，而是另奠基於極端的種族主義或宗教神祕主義。

與德國納粹不同，義大利法西斯主義裏的民族主義，並沒有對種族純正性的獨尊追求。義大利法西斯在執政的頭十年，並沒有強烈反猶，黨員中也有猶太人，一九三四年才有第一次反猶運動，到一九三八年墨索里尼才依從希特勒通過反猶法例。

墨索里尼並認爲義大利法西斯主義是可以輸出的，別國別族也可以學習義大利而建立自已的法西斯國，是爲當時以英法美爲代表的資本主義民主政制和蘇聯帶頭的共產主義洪流之外的第三條路。當時他意識到，義大利式的法西斯主義可以在國際上跟自由主義和社會主義一爭短長。

墨索里尼受義大利社會學統治階層研究的影響，是相信精英統治的，黨幹部、官員、工業家與工會代表共組精英統治階層，勞資並不是對立的階級，而是共屬一個「生產階級」。

第三國際要到一九二八年才反應過來，發覺法西斯主義這門新玩意是對共產國際的威脅。

一九二九年世界不景氣，義大利政府進一步介入經濟，似美國的「新政」。到一九三〇年代中因國際氣氛有變，義大利謀求更大程度的自足自給，才加劇了國有化。

統合主義需要有強力的意識型態支撐，那就是國家至上，後期法西斯哲學家金蒂利（Giovanni Gentile）所說的個人與國是一體，沒有國，哪有個人，個人與個人是在一國之下合作，而不是人人爲己。用墨索里尼的話：「一切在國家內，沒有反對國家的，沒有自外於國家的」。

統合主義的國家，只需要有一個代表國家整體利益的黨。

法西斯主要是反自由主義，不能接受自由主義共生的個人主義、價值相對主義、文化多元主義、多黨民主代議政制。墨索里尼說：「經典自由主義說的是個人主義，法西斯主義說的是政府。」

政府在個人之上，國家要求的是萬眾一心，不能容許出現利益和階級矛盾，或各懷私心的黨派和個人。

爲了動員人民的支持，建立起國、黨和民族的神聖光環，和個別領袖至高無上的權威，國家發動宣傳機器，重寫教科書中的歷史，通過現代媒體如報紙、電影和擴音器等，一再激勵民眾，強化共同性（民族象徵、宏偉語言、文化、神話、種族、宗教、傳統、社群、藝術、根、光輝歷史、共同敵人等），同時打擊差異性。換句話說，是鼓動民族主義。

在義大利，墨索里尼陷進了自設的非理性圈套，認爲上下一心的統合主義國家，在戰爭狀態才會有最高的發揮，追捧尙武的羅馬帝國，渴望成爲強國，勾起了對外擴充的帝國欲望，終發動被認爲是西方帝國主義最後一次武力殖民：入侵阿比西尼亞（現埃塞俄比亞）。最奇怪是，當時竟沒引起其他歐陸帝國的強烈抵制。事實上西方國家在一九三〇年代中期之前很少批評法西斯的義大利。

只是打仗使國力不堪支撐，在阿比西尼亞要用到違反國際公約的毒氣，干預西班牙內戰損兵折將，及後參加軸心國擴大戰爭，在希臘幾吃敗仗，靠納粹德軍拯救。

墨索里尼在一九四三年被黨革除領導職位，立即爲希特勒的精銳特擊部隊救出，送至義大利北部的德軍佔領區，任了兩年半名義上的首長，直到一九四五年爲共黨游擊隊所殺。這期間，義大利人出現後來歷史學家所說的「我們是好人，他們（德國納粹）是壞人」的心理逆轉，不願提起過去二十一年對墨索里尼和法西斯主義的支持。

戰後，一般認爲，義大利、西班牙、葡萄牙等地的拉丁歐洲人文價値觀，擋住了極端的德式和俄式毒氣室和古拉格群島。

流亡去了英美的思想家如阿倫特、紐曼（**Franz Neuman**）、佛洛姆、蒂利希（**Paul Tillich**）等，苦思的是左右兩翼的極權主義是如何產生並造成人類的現代浩劫，關注的是史達林蘇聯的共產主義和納粹德國的法西斯主義，雖然納粹從不以法西斯自稱。

義大利法西斯相對於納粹是不徹底的極權、是較輕的害的想法被廣泛流傳，而義大利統合式的法西斯主義不同於納粹的獨特性和普遍參照價值卻被忽略。

較輕的害還有另一種意思：二戰後許多國家在謀求和平崛起的富強路上，左顧右盼，往往也只能是眾害相權取其輕。對某些國家來說，統合主義法西斯主義可能是較輕的害。

當然，較輕的害依然是害。

義大利的工農階層慢慢體會到，在國家團結的前題下，黨領導的統合協調，在無法兼顧或腐敗的情況下，被犧牲的依然是工農和弱勢族群的利益。（統合主義的經濟政策，並不保證成功，也不注定失敗，這點在二戰後有更多案例。）

由於想把一切罪行推給納粹，義大利許多戰時檔案一直未曾公開，不過據二〇〇一年的材料，逼害的配套一點不缺：祕密警察、告密者、五十多個關猶太人、外國人和異議者的監獄、暗殺、屠殺。自由派和左派的日子都不好過。著名共產黨理論家葛蘭西（Antonio Gramsci）就是在法西斯獄中身體飽受摧殘，致出獄後數天猝死。

義大利法西斯在國外罪行更大，由阿比西尼亞的毒氣戰至巴爾幹半島和利比亞的種族清洗式大屠殺。戰後，被義大利侵略的國家包括希臘、南斯拉夫和利比亞要求引渡戰犯，義國爲保持「好人」形象而加以拒絕。這就是歷史學家洛基亞（Ernesto Galli Della Loggia）所說的：「義大利民意的專一精神分裂，記得義大利國土上的德人暴行，卻壓抑了義大利人對其他人民同樣不輟的暴行」。

在二戰後，正統馬克思主義視法西斯主義爲私有制、市場競爭和資產階級民主的衍生，法西斯只是大資本的打手。這觀點不但忽略了義大利原型法西斯反自由主義的左翼根源，更對了解法西斯主義全無幫助。

較鬆散的左翼，則把一切看不順眼的政權或政府行爲罵成法西斯。較嚴謹的討論，卻因而有所顧忌，不敢援用法西斯主義作爲分析範疇。

右翼裏的自由放任派一直沒有放過批評統合主義，並無限擴大打擊面，套在任何政府的經濟干預行爲，由美國羅斯福的新政，柴契爾之前的英國福利社會，以至蘇聯早期布哈林（Nikolay Bukharin）的市場社會主義，然後警告說統合主義不但不利經濟成長，更是往極權之路。

弔詭的是近年美國當權右派已不只是自由市場派、小政府主義者、文化保守主義者、外交現實主義者及孤立主義者的結合，還滲透了法西斯。除了顯眼但被誇大的施特勞斯份子外，另一理論主將米高・拉帝恩（Michael Ledeen）曾在一九七〇年代多次著書推崇義大利法西斯主義，認爲二十世紀法西斯運動不是馬克思主義者所說的是反動的，而是對舊世界的革命，法西斯運動是「能量和創意的發動器」。回到帝國本位，拉帝恩自然會認爲現在某些國家其實是屬於法西斯性質的，是美國要警惕的。

義大利法西斯和德國納粹的政權維持時間不算長，毀於內部暴長的極端思想所引發的戰爭。

如果墨索里尼以他當時的絕對威信，不把國家帶到戰爭這條路上，義大利合法的法西斯政權或許可以存活更久。從西班牙、葡萄牙這些「不起眼的模仿者」來看，加上二戰後許多的例子，或許類似法西斯或統合主義的政權是可以相對穩定的。

當然，西班牙和葡萄牙後來轉向自由主義民主制度。

在當代的處境中，很難有單純的向左走、向右走，軍事獨裁如前智利在經濟上引進自由市場而取得成績，但俄羅斯卻成了自由市場派休克療法的失敗例證，民主國日本的政府與企業嗜統合，而新加坡則以更完整的統合主義結合世界資本主義市場經濟，而取得了驕人的經濟和社會成就。在資本主義、共產主義、市場經濟、指令經濟、混合經濟、統合經濟、自由主義、社會主義、社會民主、第三條路、法西斯主義、民族主義、國家主義、極權主義、歷史終結等等主義超市中，各國還得階段性地不斷調自已的路、尋較輕的害。作爲分析或規範的範疇，義大利式的統合主義法西斯主義——墨索里尼的幽靈——仍不便缺席。

（二〇〇四年）

# 雜種城市與世界主義

很榮幸能在香港做這次的演講，香港是我自己的城市，也是很適合談雜種和世界主義的城市。這個城市，在一百四十多年前，曾經包庇過一個清廷的通緝犯王韜，他在香港住了二十二年，以現在的標準早就算是香港人了，他在香港發表了許多言論，談世界大勢和中國自強之道，李鴻章之後，他是民間第一個提出變法的，香港學者羅香林甚至說沒有王韜在前，就未必有後來的康有爲梁啓超變法維新運動。王韜是愛國者，卻也是他同代人中最早的世界主義者。下文我還會再說到他，並會提到世界主義也是中國思想當代傳統的一部分，並且與孫中山的亞洲主義和梁啓超的自由主義的民族主義可以互相補足。在這個中國崛起的戰略機遇期，大家都在反思，反思現代性，反思國族，反思中國自己的思想資源。我認爲這個時候更有必要提倡一種經過反思的世界主義，以抗衡兩種我認爲危險的民族主義。

我的題目是：〈雜種城市與世界主義〉，我得先談雜種城市，然後再談一下多文化主義，才轉進去談讓雜種文化和多文化的存在變得有可能的世界主義，指出一種新的世界主義的面貌，和它與民族主義的關係，然後總結爲什麼民族主義必須結合世界主義。這是個大題目，一個我認爲是對當前中國和世界很重要的課題。我會盡量簡短。

雜種，hybrid，mongrel。

世界主義，cosmopolitanism。

## 雜種城市

先說一下雜種城市。

艾耶爾（Pico Iyer）是個住在日本、在英國長大的印度裔美國籍的英文作家，他寫了本書叫《全球靈魂》（*The Global Soul*），說世界上有一群這樣的人，飛來飛去，他們的文化是混雜的，這對我們香港人來說很好理解，因爲香港本來就是個半唐番的地方，很多人因爲工作或家庭的安排也經常飛來飛去，我們可以想像一個在中國大陸出生，小時候移民到殖民地香港的人，歸化了加拿大籍，在英國拿MBA，加入了美國麥肯錫顧問公司，駐過德國法蘭克福、韓國首爾、印度Bangalore，現被派去中國上海。這樣的全球靈魂，往往是住在大城市的，生活習慣和文化取向很雜，還好，世界性的大城市，本身也是混雜文化的場域，既有麥當勞，也有越南餐館、印度餐館、墨西哥餐館，吃得到生魚片、湯陰功和點心，可以看到好萊塢大片、港產片、歐洲藝術片甚至孟萊塢（Bollywood）歌舞片。世界越是全球化，這樣的人也會越多。

艾耶爾認爲最好的雜種城市是多倫多，那裡多民族多文化相處最好。可以說，所有大城市都有一定程度的雜種化，有些雜種程度極高，如紐約、倫敦，有些稍低，如東京、北京、伊斯坦堡，但大概也是該國家內人種和文化最雜種的地方。

如果說這樣的全球靈魂往往只是一小撮精英，代表著全球資本和跨國企業的既得利益，這說法也不完全錯，只是我們要知道這個精英潮也是很值得我們去關注的。同時，我們也可以看到雜種城市文化有很多平民色彩的面向。就算是多倫多也絕不是一個只有企業精英式全球靈魂才住的城市。

一種不一定屬於精英的交雜就是移民，包括非法移民和移民後裔在當地形成的少數民族多文化局面。另外還有異族通婚、外勞、留學、出國旅遊和跨國文化交雜等。（當然，更有很多負面的交雜，如犯罪、疾病、環境污染、恐怖主義）。

現在中國發行量最大的電影雜誌叫《看電影》，是一本黑龍江的雜誌，裏面主要是介紹美國和香港電影，讀者遍佈全國，絕大部分是年青人和平民老百姓。網際網路對訊息的交雜更不用說。文化全球化大概是否認不了的了，不只是《哈利波特》在中國熱賣，金庸小說也賣到英語、法語國家，十二女子樂坊打進歐洲和日本市場，北京畫家方力鈞的作品掛在巴黎龐比度中心。美國電視劇在東亞地區並沒有多少大眾市場，電視劇比較區域化，韓劇《大長今》不只橫掃受儒家影響地區，在伊斯蘭的印尼和馬來西亞亦大受歡迎。

我們也可以說這些只是文化消費的雜種化，正如批評者說的把世界當作巨型超級市場，不過這也是很有意思的現象，而且消費雜種化在很多地方，特別是城市，已算不上是精英行為。

著名英語作家魯西迪（Salman Rushdie）是寫跨國雜種論述的一個代表人物。他在印度操 Urdu 語的伊斯蘭家庭出生，後歸化英國藉，他說：「城市容許你成為公民，雖然你不是國民。」他一九八九年出版的小說《魔鬼詩篇》（*The Satanic Verses*），引起當年伊朗的宗教領袖霍梅尼發出追殺魯西迪的教令（fatwa，菲特伍），在該教令一週年紀念日，魯西迪發表了一篇對雜種的禮讚，值得引用一段：「今日那些最吵嚷著反對《魔鬼詩篇》的人有一種觀念，認為不同文化的互相混合將無可避免地弱化和摧毀他們自己的文化。我持相反觀點。《魔鬼詩篇》歌頌雜配、不純、互相混合，轉化是來自人類、文化、思想、政治、電影、歌曲的新和不被期待的組合。它為雜種化而歡欣，並害怕純的絕對……因揉合而改變，因連接而改變。它是給我們的雜種自我的情歌」。

雜種，就不是單種或純種，雜種文化不是單一文化，不是單一文化，就較有可能不執迷文化上終極的純正，故亦較有可能不對文化作出本質主義和不准質疑的理解，也就較不容易出現各式各樣的所謂「原教旨主義」。換個角度說，有了寬容，才有雜種。

美國學者弗羅理達（Richard Florida）在《創意階層的崛起》（*The Rise of the Creative Class*）一書內說，城市要推動經濟，需要創意階層，但如何吸引創意人才住到你的城市來呢？那城市一定要是個寬容的城市，寬容，才可能自由度高，才會出現文化多元化，這樣的城市才會對創意階層產生吸引力，而多元文化的交雜，更進一步地刺激了創意。《華爾街日報》的資深作者紮迦利（Pascal Zachary）甚至寫了本書來說明，一個企業內，人種和文化的多樣化和雜種化，有利於創意和競爭力提升。不論他這個說法是否成立，但他有一個很好的觀察：現在很多人渴求的是兼備「根和翼」，根是指本地身分認同和本土文化傳統，翼是指去看世界和吸收外來文化，不再是一種純粹自閉傳統與無根世界的對立，而是既保留繼承下來的根——所謂可以攜帶的根（portable root），同時擁抱世界，並各自作出混合以超越自己原來想像的自己。

雜種其實並不是無根，而是多了一條根以上，它的主體是複數的主體，它的身分是眾數的身分。譬如一些混血兒，他們往往比非混血兒更意識到自己身上的根源問題。一些移民的第二代也如此。他們在人數上雖只是少數，但卻是這個越來越混雜的世界的集中表現——其他人可能只是較不明顯和不自覺的雜種而已。

美國學者沃爾德倫（Jeremy Waldron）說，或許文化的混合是與文化的根源一樣歷史悠久，或許純正性與同一性從來就是迷思。

## 多文化主義

介紹了雜種這概念後，我要先談一下大家可能比較熟悉的多文化主義，這對我下面討論新的世界主義會很有幫助。

雜種是深層的文化混合，而不只是不同文化的並列。曾經有好一陣子，大家談到的多元文化，只注重了不同文化在一個國家內的並列共存，強調了不同文化的存在權利和承載者的身分歸屬性，即加拿大學者泰勒（Charles Taylor）說的「承認的政治」，指在一個國家的範圍內，少數民族、女性、階級、宗教、世代、身體有不便者、不同地域居民、不同興趣團體、不同性偏好族群等，紛紛強調自己的特殊性，爭取保留甚至促進自己文化身分和生活方式的權利，形成了北美澳紐和一些歐洲多民族國家內的「多文化主義」，多元文化成了一種主義、一種立場，這場由那些國家的自由派和左派推動的多元身分認受運動，在過去的幾十年大範圍地改變了當地的社會風氣，並提升了不少人的權利、福利和身分的安全感，以至後來當政的保守派也不能輕易否定。

但是一個國家內的多文化主義，因爲強調身分認同，往往矯枉過正，僵化了差異，若推至極端更將出現不包容和原教旨的傾向，形成國族文化的分裂。爲此，多文化主義惹來很多批評，除了保守派外，自由派也有人大不以爲然，譬如，美國哲學家羅逖（Richard Rorty）在《成就我們的國家》（*Achieving Our Country*）一書中，抨擊這種強調差異的多文化主義，並主張提倡愛國主義和一些進步的美國主流價值。英國與荷蘭是歐洲最落實少數民族多文化主義的國家，但現在因國境內極端份子的恐怖主義行爲，兩國政府也分別提出要境內少數民族遵從國族主流共識的「英國性」、「荷蘭觀點」。

然而，針對羅逖的主張，另一自由派學者努斯鮑姆（Martha Nussbaum）則在《愛國主義與世界主義》一文中提醒大家說，糾正多文化主義的，不是愛國主義，而是抱有對人類共同體更高理想的世界主義，她正確地指出，如果推到國際層面，所謂愛國主義和民族主義，其實就是多文化主義的變奏，只不過主體不再是某一國內的某一族群，而是國家民族。

的確，多文化主義對身分認同的強調，如果沒有世界主義的普世價值作爲補充，推到極端就是國與國之間、族群與族群之間的互不相容。對文化相對主義者和西方多文化主義支持者來說，在多民族的前南斯拉夫解體後，或非洲的盧安達，本來住在同一地區的不同族群出現種族清洗，是一個必須反省的歷史事實。這時候，有些論者認爲應該重提世界主義。

## 雜種世界主義

現在我們再看看，雜種這個概念，是如何比多文化主義更符合世界主義的要求。

波斯裔印度學者巴巴（Homi Bhabha）就是以英文寫作，從左翼「後學」觀點，以雜種來一併消解民族、國家與多文化主義的論述建構。他認爲大城市裡的雜種文化，是不能用單一的國族文化——譬如說「英國」文化——來說明，但也不能靠多文化主義或少數民族文化來涵蓋，因爲這些都只談身分、風土習俗與原味，假設了先存的國族或族群身分，並帶決定論色彩，單向設定了文化只是這些身分的表達而已。用這些範疇來看大都會區的文化實況肯定是不足的——當代大城市是一個人種、文化、生活方式不斷摻混的場域，它的文化是雜種的世界主義文化。上世紀八十年代的多文化主義思維，強調身分的多樣性，當時是爲了破解強調身分同一性的國族論述，但因爲兩者都是把身分放在討論的中心，結果都包含不了大城市的雜種世界主義文化。

雜種世界主義的文化跨越了國族疆界，既是傳統也是現代、既是東方也是西方、既是本國也是外國和跨國的，既是本地的也是跨域的，既是國內多數民族的，也是國內少數民族的，不光是多文化並列，而且互相混雜。

雜種世界主義是對多文化主義的改造，既重視身分認同，也歡迎溝通交雜。

我們可以看到在世界各地旅遊的人，越是有這種多文化雜種世界主義精神的，越尊重和欣賞別個地方的文化和生活方式，而不會以爲自己的文化是唯一了不起的和正確的。除了老牌的世界主義組織如紅十字會、國際奧會之外，現在眾多國際非政府組織，如無國界醫生、綠色和平，都可以說是帶著多文化精神的世界主義組織。新的思潮，如環保人士強調的星球思維和發展經濟學裏面的社會能力發展觀，都是世界主義的，同時重視地方上的差異和資源。

甚至在西雅圖與全球其他各地反全球化示威的人群中，除了經濟保護主義者外，更多是來自各地的世界主義者，沒有世界主義精神，他們何必爲了後代的環境或遙遠的發展中國家去反對經濟全球化。

瑞典學者漢娜茲（Ulf Hannerz）說：「眞的世界主義首先是一種取向，即願意交往他者」。他強調世界主義是「對反差而不是對劃一的尋找。」

多文化雜種世界主義可說是新型態的世界主義，拒絕了各種原教旨、排他和文化沙文主義，消解了歐洲中心主義或其他種族中心主義，卻是懂得欣賞特殊和本地文化，也尊重各種社群和傳統，以及邊緣和弱勢文化。多文化雜種世界主義並非拋棄國族文化、傳統文化、地方文化、社群文化、特殊文化，而是從中吸收一種以上的養分並作出不同的組合；並非追求一種抽象的世界或「現代」，而是有根的、有身分認同的、有嵌入性的，只不過不是一種，而是承認了一個人可以同時有多種根、多重身分、多重嵌入。

或者可以說，今天的世界主義，是受過多文化主義洗禮的；同時，今天的多文化主義，也在世界主義的質疑下要自我修正，而大城市的雜種化既是成果也是催化示範。要強調的一點是，不論是並列的多文化或是混合的雜種文化，背後都需要寬容、開放、自由、交流、合作、睦鄰、和平這些世界主義價值觀。

沒有世界主義的支撐，城市的多元和雜種文化都會凋謝。

這就是爲什麼我在下文要用很大力氣去談世界主義，並在這個民族主義復興的年代，談它與民族主義的關係。

## 什麼是世界主義？

世界主義，古已有之。

中國傳統和先秦儒家思想的天下觀，有它「中國即九州」謬誤的華夏中心主義一面，也有天下大同的理想一面，孔孟皆曾從事跨國遊說，以普世仁義替代邦國利益。佛教更是徹底的世界主義，眾生無分別的平等，人無國界皆有佛性。

西方世界主義最早誕生於西元前四世紀，希臘哲學家德謨克利特（Democritus）說：

全世界都是「我的故鄉」，認爲對一個智者來說，世界是開放的，一個善靈魂的故土是整個世界。犬儒第歐根尼（Diogenes）被問是哪裏人的時候，回答：「我是世界的公民」。世界主義的歐語字源由此而來。

早期有世界主義想法的希臘人，多是曾經出外旅行或被放逐的人，見過非我族類，故對自己城邦的成規有所反思。

不過古代世界主義最強力的思想來自三世紀希臘羅馬時期的斯多噶學派，以助人爲己任，他們往往離開自己的城邦，去服務異鄉人。他們認爲每個人首先都是人，只是在附帶的情況下才是政體的成員。塞涅卡（Licius Annaeus Senec）說：「我來到世界並非因爲想佔有一塊狹小的土地，而是因爲全世界都是我的母國。」

希臘悲劇裏安提戈涅認爲有比城邦法律更高的法律，基督教裏也主張凱撒歸凱撒、上帝歸上帝的理念。不過，早期基督教雖受當時盛行的羅馬斯多噶學派影響，但卻產生了很微妙的變化，分開了人間的國度與天國，而不是按古希臘世界主義者一向的分類，即自己出身地的邦國與外面的世界。世界主義基本上是種世俗的主張。

早期的自由主義思想尚未引進世界主義，早期的自然法學雖偏向個人權利，卻沒有人類四海一家的涵義，而社會契約論者以單獨國家爲主體，而把國際歸爲無政府領域。

不過，因爲旅行和國際貿易的擴充，道德上和文化上的世界主義在啓蒙時期再次冒現。孟德斯鳩、伏爾泰、狄德羅、休謨、傑佛遜都以世界主義者自居。

斯多噶學派在十八世紀再度受到重視，被當作是人類共同體的一個理想來提出。這時候世界主義成了啓蒙道德哲學的重要資源。邊沁指出人類盡有去苦取樂的共通性，康德則認爲人皆有理性，同屬一個共同體，個體既是世界公民也是現存國家的公民，每個人的自由是所有其他人自由的基礎。康德並提出永久和平的構想，主張友愛好客，每個人有權移民，國家不能把人民當作私產，異鄉人到了別人的屬土，也有權不受敵意對待，世界上任何一角侵犯了人權，普世都會感同身受。

這種平等思想延伸至抗拒封建等級、殖民主義與奴隸制度。

美國革命與早期法國大革命都是世界主義精神體現的高峰期，美國世界主義革命家潘恩（Tom Paine）除了策動美國革命外，也參加法國大革命，並死在歐洲。他說：「哪裏沒有自由，哪裏就是我的故鄉。」

當然，也有啓蒙思想家對世界主義存疑，如盧梭就問如果你愛所有人，不就是什麼人都不愛？

這時期，經濟上的世界主義與資本主義的變化是分不開的，經濟上的世界主義者都反對國家的重商主義而皆支持自由貿易，密爾（John Stuart Mill）在一八四八年的《政治經濟學》裏首先指出資本越來越世界化，馬克思與恩格斯在《共產黨宣言》中說，資產階級通過對世界市場的剝削使每個國家的生產與消費有了世界主義的性質。

馬恩所談的世界主義，一方面有現在所說的世界資本主義體系的意思，另方面也指各國的無產階級看到了共同的階級處境，創造了國際主義工人運動的契機，所謂工人無祖國，最終國家將消失，建立無階級的社會。

啓蒙時代是世界主義的黃金年代。歐洲雖在十七世紀中已建起了以民族國家爲主體的威斯伐里亞（Westphalia）秩序，但佔思想主流的是世界主義。至少有一派學者認爲直到十九世紀前，民族主義並不成氣候。

## 世界主義與民族主義

世界主義與稍晚出現的民族主義有什麼關係呢？。

由啓蒙時期到二十世紀一次大戰前，世界主義遇上過三次大逆流：

第一次逆流是一七九二至九四年法國大革命後期；

第二次逆流是一八〇六年後德意志啓蒙人士的「變臉」，由世界主義轉向種族的浪漫民族主義。

第三次逆流是一九一四年社會主義運動由國際主義轉向民族主義。

不過就算在十九世紀，民族主義與世界主義一樣大行其道之際，很多知識份子仍兼備兩種身分，或遊移於兩者之間而不認爲自相矛盾。他們可能是自由主義者或社會主義者，但他們都兼有著一種當時的民族主義者的特徵，認爲自已的國族文明可以是進步的載體，將引領全球其他地方進入世界主義的紀元。

把世界主義與民族主義看成對立，只是二十世紀的事。一方面，上世紀初至一戰前，西方自由主義者和社會主義者大致都已認定民族主義是反動的，故與世界主義是對立的。其後發生的兩次大戰更證明這個想法。另方面，非西方國家和殖民地的一些政治思想家也分拆地對待世界主義與民族主義，但取向迴異，認爲民族主義是革命的：這些地區想學西方國家一樣，轉化自己成爲獨立的現代民族國家，那些已立國的強調主權獨立，尚未獨立的或想分裂出去的則強調民族自決，都以民族主義作爲是正面和建構國家的意識型態。他們用民族主義建立了自己的西方現代式的民族國家，卻爲了生存而有必要反對西方列強的民族主義，即帝國主義、殖民主義、霸權主義。

雖然非西方和新國家的民族主義者裏也有傾向世界主義的，後者往往只被看成一種遙遠的理想；更多時候，民族主義者是排斥世界主義的，反殖理論家法農就是反世界主義的著名例子。

魯迅也說過不論是民族主義者或世界人，皆是僞士。

列寧和史達林皆曾嘲笑過世界主義者，認爲他們是無根無忠誠的人。史達林口中的無根世界主義者，被認爲指的是蘇聯境內的猶太人。

受蘇聯影響，一九四九年後的中國，世界主義地位比自由主義好不了多少。中國一度主張過的輸出革命，雖有社會主義國際主義意味，但卻是建構在當時的第三世界主義之上。中國更貫徹的是不結盟、強調主權不可侵犯的民族主義。

到了今天，中國特殊論的論述大爲流行，大國崛起的民族主義情緒高漲，如果你到中國重點大學談世界主義，那些已經變臉的人文學科老師和大學生，大概也會對你一臉不屑。

世界主義最廣泛的定義是指超出自已族群的傳統（時間）與土地（空間）的界線，在這個意義上，羅馬帝國、中國朝貢制度、奧圖曼帝國、拿破崙歐洲、日本大東亞共榮圈和蘇維埃共和國都有著類似世界主義的跨域跨民族的表象，難怪許多要求主權獨立或民族自決的民族主義者會抗拒世界主義，而世界主義往往讓人聯想起異族入侵、強國霸權、帝國主義、殖民主義、歐洲中心主義、外來文化、崇洋媚外。孫中山就說過：「帝國主義天天鼓吹世界主義」。

## 反帝國主義的世界主義

在一些民族主義者的心目中，世界主義與帝國主義和殖民主義是分不開的，因此是有罪的。這正如有些論者會認爲基督教、貿易、啓蒙思想、科學、西方人文學科，以至整個西方開始的「現代化」都是跟帝國主義的侵略連在一起的、儒教與中國專制是有共生關係的、日本禪佛教是支持過軍國主義的，因此也都是有罪的一樣。

用同樣的邏輯，跟帝國主義分不開的民族主義更應是有罪的——歐洲列強和日本都不是老牌的多民族帝國，而是民族國家，它們的帝國主義侵略行爲其實是一種民族主義的表現。中國共產黨人瞿秋白早就說過：「我們今天知道，帝國主義鼓吹征服，並不屬於世界主義範疇。掠奪他人，乃是眞正的狹隘民族主義。

不過，頭號犯、元兇若是帝國主義，那麼世界主義、民族主義之流，只是從犯，犯了窩藏犯人之罪，罪不致死，正如我們不必把儒家與中國王朝專制一起埋葬。

如果現在連民族主義都能重見天日，世界主義更應恢復名譽。

用學界的說法是：它們與西方大國的某段歷史在時間上有著聯繫，但我們不要把各種思想的歷史經歷與它們的有效性混爲一談

事實上，從世界主義裡，我們可以找到抗衡帝國和霸權的資源。世界主義的代表性哲學家康德就曾強烈反對殖民主義，批判「我們大陸上的文明國家……造訪他國時所施

加的不公正」。現在，用以制衡單邊主義的多邊主義主張，也是世界主義在國際政治上的體現。

因爲歷史理由，許多民族主義者以爲民族主義與世界主義是不可調和的，甚至把後者等同帝國主義。可是，世界主義不單不等同帝國主義，並且是反帝國主義的。

這裡，我提出一個論點，就是：非西方民族國家的反帝國、反霸權主張，豐富了世界主義的涵義，恰恰能讓民族主義與世界主義重新走在一起。

這方面，中國一些思想家如王韜、李大釗、林語堂，就曾經超前地提倡過一種世界主義，即反帝國主義的世界主義。這種反帝的世界主義，可以配合另外兩種超前的主張：自由主義的民族主義，如梁啓超所倡導者，和反帝國主義的區域主義，如孫中山的亞洲主義。（註）

中國學者李歐梵在《上海摩登》一書中形容的上世紀前半段用中文寫作的上海作家：「他們那不容質疑的中國性使得這些作家能如此公然地擁抱西方現代性而不必畏懼被殖民化」。同樣地，晚清到一九四九年以前的一些思想家也有同等氣度，做到反帝反殖卻不離棄世界主義。這段時期才是中國思想的豐收期，是不可忽略的當代傳統。

就是這種反帝國主義的世界主義，加上前文所說的受過多文化主義洗禮的多文化雜種世界主義，讓我們看到世界主義與民族主義是可以調和的。

## 世界主義的民族主義

在全球化的今日世界，世界主義的有效性更形突出，重要學者如康德傳統的哈貝馬斯、斯多噶傳統的努斯鮑姆、功利主義傳統的辛格（Peter Singer），都在主張世界主義。令人矚目的是法國哲學家德里達（Jacques Derrida）晚年重拾啓蒙價値，包括世界主義。除了提出寬恕與好客原則外，他在二〇〇一年的訪問裡強調以國際法和國際刑事法庭來推進基於世俗化人權觀的世界主義。

以往的自由主義論述，包括羅爾斯（John Rawls）的正義論，一向都假定了論述是發生在一個民族國家範圍內的，而國與國之間仍是霍布斯式的無序。近期的重大進展，一是以世界主義視角來處理全球治理，二是自由主義的論述更注意到了民族主義這個隱蔽的命題，提出了「自由主義的民族主義」這個重要的說法（其實梁啓超在上世紀初已有此主張）。

無論是從世界主義的角度切入，還是站在自由主義的民族主義立場，雙方又回到可以對話的距離。

英國學者赫爾德（David Held）以論述世界主義民主治理而著名，他指出兩種錯誤的想法：一種以爲過去一百年無甚改變，當今世界跟金本位的大英帝國年代沒什麼大分別。另一種則是狂熱全球派，以爲民族國家已無關重要，赫爾德認爲這派人誤解了全球化的性質。現在站在世界主義立場的政治學者其實甚少主張成立世界政府，並大多認爲民族國家和各國政府在全球化時代仍扮演不可或缺的角色。

曾對赫爾德的世界主義民主觀點有所批評的加拿大學者金里卡（Will Kymlicka），被認爲是少數民族研究和自由主義的民族主義主要論述者之一，不過金里卡也認爲：「啓蒙世界主義者和自由民族主義者之間的爭論是十分有限的。我認爲，如果把自由民族主義描述爲是對世界主義的拒絕，這將是一個誤導。假定在自由民族主義和啓蒙世界主義之間存在許多共同之處，並且它們都認可自由平等的普遍價値的話，我寧願說，自由民族主義包含了一種重新定義的世界主義」。

金里卡並說：「在國際關係層面，自由民族主義者已明顯同意建立以自由貿易、國際法發展、包括廣泛尊重人權和禁止領土侵犯爲基礎的世界秩序，而在國內層面，認同了自由民主憲政、機會平等、宗教寬容以及更廣泛地向多元主義和文化交流開放的觀點。」

以我看來，正如自由主義重新被認爲可以與民族主義共生，被重新定義（多文化雜種、反帝國主義）的世界主義也可與多種型態的民族主義互補。

我更進一步想補充一點：世界主義固然可以與自由主義的民族主義互通，亦可以與不完全是自由主義的民族主義並存。不完全是自由主義的民族主義，如社會主義的民族主義、國家主義的民族主義、合作主義的民族主義、儒家民族主義，都可以同時帶有世界主義成分。

甚至，啓蒙世界主義在加入了二十世紀的多文化雜種主義與反帝國主義後，我們幾乎可以想像一種新組合，就是世界主義的民族主義，或叫民族主義的世界主義。

民族主義者要認識到，民族主義與世界主義不能互相排斥。

世界主義成分稀薄的民族主義是危險的，上世紀的種族主義、極端民族主義、法西斯主義和軍國主義就是例證。

讓世界主義缺席的民族主義，是不符合國家民族的利益的。

現在，華文圈有兩種民族主義論述是缺乏世界主義信念的，一種認爲大國崛起難免一戰，一種預設了二十一世紀必將再出現文明與文明之間的衝突。當然，美國方面也有同樣的言論，雙方互爲鏡像，貌似對立，實乃同出一轍。

站在中國立場，我們可以接受甚至肯定有世界主義成分的民族主義，這樣的民族主義講民族自尊、國家富強、文化認同，同時有促進國際交流與維繫和平的強大意願；我們要警惕的是宿命地認爲終須一戰的民族主義與「文明衝突論」的民族主義，因爲它們沒有世界主義的價值觀，不相信文化和文明可以並存甚至交融，不努力尋求和平的選項，只爲戰爭與衝突提供正面反應，結果步入製造敵人的路徑依賴而最終可能是自我實現了預言。沒有世界主義成分的民族主義，將是戰爭與死亡的民族主義。這是爲什麼，在到處都是民族主義論述的時候，我們也要多談世界主義。

（二〇〇五年）

## 註

王韜因上書太平天國事，遭清廷通緝，一八六二年至一八八四年避居香港，做了二十二年香港人，其間曾去過英國和日本。他很清楚歐洲或西方不是鐵板一塊，而是處於民族國家的爭霸時代。他說：「歐洲諸國之在今日，其猶春秋時之列國，戰國時之七雄」，但因爲「西人之輕我中國也，日深」，中國必須自強，但他的識見高於魏源「師夷長技以制夷」那種華夷內外秩序觀，指出「自世有內華外夷之說，人遂謂中國爲華，而中國以外，統謂之夷。此大謬不然者也」。他已明白到「中國即九州」是錯的，必須承認別的民族國家。他認爲「當今之世，非行西法則無以強兵富國」，「試使孔子生於今日，其於西國舟車槍炮機器之制，亦必有所取焉」。但他知道馮桂芬的中體西用論是不足的，自強需要變法，他僅晚於李鴻章而是民間第一個提倡變法的。他主張君主立憲制——「我中國……一人秉權於上，而百姓不得參議於下也……今我朝廷能與眾民共政事，同憂樂，並治天下，開誠公佈……我中國自強之道，亦不外乎是耳」。他認為「至於富強之法，宜師西法，而二者宜先富而後強，富則未有不強者也」，而「商富即國富」。民族國家的富強，實為「六合將混為一」的世界主義做了基礎：「東方有聖人焉，此心同此理同也。西方有聖人焉，此心同此理同也。蓋人心之所向，即天理之所示，必有人焉，融會貫通而使之同。故泰西諸國今日所挾以凌侮我中國者，皆後世聖人有作，所取以混同萬物之法物也。」

李大釗提倡「人類一體的生活，世界一家的社會」，並於一九一九年〈大亞細亞主義與新亞細亞主義〉一文中說：「我的新亞細亞主義有兩個意義：一個是在日本的大亞細亞主義沒有破壞之前，我們亞洲的弱小民族應該聯合起來共同破壞這個大亞細亞主義；另一個是在日本的大亞細亞主義既經破壞以後，亞洲全體民眾聯合起來加入世界的組織——假如世界的組織那時可以成立」。

孫中山在一九二四年十一月二十八日的演講提議用亞洲主義來對抗帝國主義：「東方的文化是王道，……講王道是主張仁義道德……講仁義道德是用正義來感化人……只有用仁義道德做基礎，聯合各部民族，亞洲全部民族便很有勢力」。他質問：「你們日本民族既得到了歐美的霸道文化，又有亞洲王道文化的本質。今後，面對世界文化的前途，究竟是做西方霸道的鷹犬還是東方王道的干城，就在你們日本國民去詳審慎擇了」。不過孫中山對世界主義是保留的，有時候他說：「帝國主義天天鼓吹世界主義」，但他並不認為世界主義與民族主義是對立的：「我常聽見許多新青年說，……現在世界上最新最好的主義是世界主義」，「近來講新文化的學生，也提倡世界主義，以為民族主義不合世界潮流」，「我們要知道世界主義……是從民族主義發生出來的。我們要發達世界主義，先要民族主義鞏固才行。如果民族主義不鞏固，世界主義就不發達。由此便可知世界主義實藏在民族主義之內」。在當時中國的情況，把民族主義放在世界主義之上是可理解的。

世界主義者林語堂往往簡單地被理解為幽默（「道理參透是幽默」）和性靈（「性靈解脫有文章」）的作家，只是「兩腳踏東西文化」地把外國文化介紹給中國人，又把中國文化介紹給外國人——尤其是一九三五年後他以英文寫作使他在美國聲名大噪。不過我們若看他在一九四三年二戰後期用英文寫的《啼笑皆非》，就看到他其實也寫外國事給外國人看，並且是言正詞嚴地站在反歐洲中心主義和反西方帝國主義的立場，預先參議著戰後世界的新秩序——「亞洲的出現簡直就是帝國主義時代之末日」，「西方國家必須計劃與亞洲合作，或計劃不合作而準備一次更大的戰爭」。他自己為此付出代價——近期的研究認爲他一邊反西方帝國主義，一邊反中國共產主義，結果後來他在美國是左右不逢源。

梁啓超是中國自由主義民族主義的奠基者。他在晚年時候曾爲世界主義說話：「我們須知世界大同爲期尚早，國家一時斷不能消滅——我們的愛國，一面不能知有國家不知有個人，一面不能知有國家不知有世界。我們是要托庇在這國家底下，將國內各個人的天賦能力儘量發揮，向世界人類全體文明大大的有所貢獻。我們國家，有個絕大責任橫在前途。什麼責任呢？是拿西洋的文明，來擴充我的文明，又拿我的文明去補助西洋的文明，叫他化合起來成一種新文明」。

# 顧左右言它
## ——歧路中國的絳樹兩歌

一

歷史學家卡爾・博蘭尼（**Karl Polanyi**）在一九四四年的名著《大轉變》（*The Great Transformation*）中，指出一八一五年至一九一四年間歐洲出現的「百年和平」，是基於在大國權力均衡的制度下，英國是單一霸主卻有一個自由主義政府（博蘭尼稱十九世紀爲「英國世紀」），而英國的戰略目的是致力做大一個國際順從、自我制約的市場，堅持自由貿易，以實現空前的物質富裕。但到了二十世紀第一次世界大戰後，這個當年的全球化局面出現了強力的挑戰者——這裏，博蘭尼主要是指法西斯政權對英國的全球秩序的抵抗。

二戰後有很長時間，共產國家和眾多發展中民族國家的經濟反依賴政策如進口替代，繼續抵制全球化市場經濟，而在對立面的是美英法等工業強國在戰後重建的新秩序，即包含著由布列頓森林協定和機構爲代表的國際市場經濟，以及民族國家內的混合經濟，政治學家查爾斯・林德布洛姆（Charles Lindblom）很有保留地說的「市場導向的私有企業制度」（很有保留的原因是其實沒有一個純市場導向和純私有企業制的國家）。

一直要到了二十世紀最後十年，類似一九一四年以前的局面——名副其實的全球化——才再出現，只是單一霸主已變成美國，目的同樣是做大一個國際順從、自我制約的市場。至於挑戰者，就算包括中國在內的主權大國而言，美國現在都沒有挑戰者。

對十九世紀而言，博蘭尼還特別強調一點，就是「社會」對經濟制度的對沖反應，如被圈地的英國農民一而再地抗爭，而英國的議會政府，爲了各種主動或被動的理由，有時以政府行爲對本應是自我制約的市場經濟作出干預，博蘭尼稱之爲「社會被發現了」或「社會的自我保護」，同時令人不安地指出這種「社會」推動「政治」去干預「經濟」的行爲，使「市場烏托邦」難以持續。

爲了提供談論當代中國現實的參照資源，這裏或許是引進韋伯——另一個令人不安的思想家——的時候。在「百年和平」的尾聲，一次大戰前的連續五、六年，後俾斯麥時期的德意志帝國，韋伯在寫他的巨著《經濟與社會》。對他來說，統治的原型只有三種：靠傳統的習性統治、靠魅力領袖的信仰統治、靠官僚法律的理性統治，三種原型在現實中永遠是有主有輔地混在一起，而韋伯並沒有規定說這三種原型哪一種好或不好。

只要成功地受到被統治者的認同，不論三種統治如何混合，皆有合法性（或是正當性），反之如果失去了被統治者的認同，不管是哪種統治，都會失去合法性。他不像許多思想家（如馬克思）去想像政治的終結和永久和諧，他認爲「人對人統治」是人類社會的永恆，期待它的消失是空想。不過，認同與合法性是變動的，統治者必須持續在一個永久政治「鬥爭」的情況下成功地爭取到被認同的合法性。

韋伯認爲靠官僚法律的形式理性統治是主導當代西方國家的統治形式，也提到理性分兩種——實質主義與形式主義，兩者之間會有張力，譬如，社會主義的分配正義和共同體理想，就挑戰著官僚層階和經濟計算理性。

韋伯的統治型態分類完全不同於一般熟悉的政治體制分類，如亞里斯多德的六種城邦制，對韋伯來說，民主不算是一種統治原型，他把普選領袖的當代民主制歸類爲魅力領袖統治而不是想當然的法律理性統治，並認爲大眾政黨組織越來越官僚化。

作爲堅定的現實主義者（因此閱之易令人不安），韋伯是個主張強力政府的自由主義者，而且很明顯不是英法式民主的全心全意倡導者，他貶低英國普通法，不信服自然法，說人民意志是虛構小說，稱普選的領袖是煽動家，指古希臘是民主帝國主義，並說沙俄若民主化會導致與德國發生戰爭的危機。對他來說，自由憲法以及製造合法性的民主選舉，只是功能性的技術設計，並且毫無興奮感地承認說在現代世界將沒有其他制度可以替代議會制度。爲了制衡官僚統治，他參與設計魏瑪憲法，既有普選議會，也有全民直選總統，沒想到挾民意的總統加上憲法第四十八條的總統緊急狀況特權，後來竟爲希特勒上台鋪了路。這是韋伯政治實踐的大失算——凱撒式魅力領袖憑民主選舉和憲法結束民主的致命案例。

另一點值得注意的是經濟思想上，韋伯支持利潤導向的資本主義和市場經濟，但反對尋租資本主義和古典放任主義。他反駁來自左右派的資本主義批評者，自稱是「相當純正的布爾喬亞」，並認爲「不管你愛它或恨它」，沒有比市場導向的資本主義更好的經濟政策。他分開政治和經濟爲不同範疇，認爲資本主義可以跟威權政府並存。這裏有必要補上林德布洛姆一九七七年名著《政治與市場》（*Ploitics and Markets*）裏有後見之明的名句：「並不是所有市場導向的制度都是民主的，但每一個民主制度必都是市場導向的」。

重提韋伯、博蘭尼和林德布洛姆，因爲他們都不是理論理想主義者，而是實證現實主義者，思路非常，難以被收編到任何簡單意識型態陣營，切斷了很多非此即彼的左右成見，複雜化了我們對現代性的理解。可能只有複雜「雞尾酒式」的現代觀和全球觀，才較能說明今天的現實。

## 二

在以上述三人觀點作爲參照來描述當代中國主要特性之前，我想先用較多的篇幅說明一些問題：

幾乎不證自明的是，要處理全球化時代的現代性問題，不能固步自封，必須參照全球不同的思想資源，包括一切對現代性提出不同理解以至批判的思想，部分是來自「非西方」的資源，但肯定暫時更大部分是來自「西方」的——對現代性和全球化的理解，我們不可能不重視西方思想家群體的反思，因爲那裏也有很深刻的見解。更完全不言而喻的是，要理解現代性和全球化，中國固有思想說不定會有點幫助，但絕對不可能是足夠的。

可以更進一步地說，就算是要理解中國現況，甚至只是勾劃中國自己的當代問題意識，中國固有思想、鄉規民約、前現代中國觀念等或許可以做點參考，說不定將來經過思想家的努力研發可以從而生產出更有用的概念，但暫時是遠遠不足的，將來也不能只靠中國思想資源。此刻要理解中國、解決中國問題，必須反思現代性與全球化，也就是說要參照全球有用的思想資源。

我尊重善意的學者如溝口雄三用「前現代」中國來理解當代中國的問學方法，只是思想史研究有它的局限，用前現代中國作爲方法，不單達不到構成世界圖像的目的，連解釋——更談不上解決——當代任何的問題都不可能，不論是中國的還是世界的。

光是讀經肯定更不夠用——不反對學子適量讀點經，但讀經至上主義卻太夜郎自大了。

我們知道現代沒有單一內容，現代本來就只是人爲建構出來的概念，你可以批評別人對現代的理解，但反思現代性不等於中國必然要去建構不一樣的現代。

許多論者對普遍主義作出應有的嚴厲批評，但對特殊主義卻欠同樣的嚴謹批判精神，我們誠然應該警惕以普遍主義爲藉口的欺壓，但這不等於要故意建構自己的特殊，不管那是所謂中國性或是印度性（hindutva）或是日本人論（nihonjinron），都只是誇大其詞的迷思，學理上本難成立，更切忌本質主義化，若作爲一種煽動則完全是不道德的。

沒有錯，每個地方的歷史與現實都不會一樣，都有其特殊性，都要走自己的路，要自我理解，要有自己的問題意識，改變必須從現有情況作起點——世界歷史不是都分五階段，發展不是單線的，各國不一定趨同。只是，中國以後不管走什麼路，都是在這個全球化的現代，而不是另有一種「中國現代性」。高麗民族的歷史也很悠久，北朝鮮現在走的路更是舉世無雙，但把它說成「朝鮮現代性」是沒意義的。

二戰後，對自己國家作批判的善意日本學者如竹內好，一廂情願寄望中國的革命能發展出有異於西方或普遍現代的新道路。此外，一些身處歐美日本的毛派，亦曾大力肯定文革，其實那種爲理念不顧事實常識和人道代價的做法，已不能用一句知識份子的幼稚就可以原諒，而是做人的污點，如一九三〇年代史達林暴行已開始曝光，而部分西方左傾知識份子故意視而不見。

因爲現在大陸官方忌談文革，而之前也沒有把這段歷史好好抖在陽光下清理，更沒有公開和持續的自我批評認錯，不光是幾十年過去大陸年青人對這段歷史不清楚，思想界也很容易受蠱惑，分不出宣傳文獻（如鞍鋼憲法）與實踐之間的距離，意願與現實的落差（如文革中的城市醫療資源下放到農村），希望這只是思想界的實證經驗研究做得不到位，而不是思想上的不誠實。

大陸至今不能實證的、批判的公開研談毛澤東和文革，對這個時期的各種「創新」，不能望文生義，不能以表面文獻當事實、以樣板當普遍實況，而應用極度懷疑的眼光視之，直到大家可以如實直接面對、可以實證研究毛澤東和文革之後。

大陸朝野經常（正確地）批評日本不正視歷史，但大陸官方何嘗不是一貫不尊重歷史和拒不認錯？

近期較有理論價值的提法是「實踐的現代傳統」，因爲每個地方的確都有自己的鋪墊和遺產，實踐總是應在本地開始，所謂以本地作爲方法。總結實踐經驗、調整自已的問題意識、修正發展路線，確實非常重要，但是，在全球化的現代，如上文指出，光看本地經驗雖勝過光靠本地思想，在方法上仍有很大不足，必須同時參照全球各地的經驗和思想，我稱之爲多元文化的、雜種的世界主義與無邊界的本地主義，或借用廣爲人知的語言，就是一九八〇年代環保人士所倡導的思考全球、本地行動，加上九〇年代非政府組織所補充的思考本地、全球行動。

哪些才算中國的當代傳統呢？我們不能把一切曾發生的或只是曾被宣傳記載的都當作該被徵用的當代傳統，正如二戰後德國不會把戰時納粹德國當作應繼承的傳統。而那些只曾經短時期實踐過、現在已消失的事項，因沒有了繼承，只能算是歷史，談不上傳統。

可以說，學雷鋒等理想主義，或多或少還是可被調動的資源，是當代傳統，但「階級鬥爭」這種已被唾棄的實踐就不該是了。另外，「男女平等」這項中國重大社會成就，是當代傳統，但「馬錫五審判方式」這種不講程序正義的非常時期邊區司法，曾在實踐上屢屢淪爲政治迫害的工具，與把人民誘爲暴民的公審一樣，決不適用於複雜的今日社會，我們應慶祝它的結束才對，怎能不加批判地把它當成「民眾意願出發」的當代傳統？

對實踐經驗和當代傳統的繼承，永遠應該是一種批判的繼承。

一九四九年以後，如果有眞正的實踐中的當代傳統的話，不管喜歡與否，首先應是指由共產黨人建立的龐大的官僚體系，這一體系只有在文革期間局部受衝擊，而在改革開放後還一直強力延續，是當下後極權中國的特色，兼備了韋伯所說的傳統習性和法律理性兩種統治合法性。

這裏先提一下馬克思曾經主張過的一種特殊主義，即亞細亞生產方式和衍生的東方專制，其中的兩大對立階級——統治者和被統治者——就是官僚和老百姓。恰恰亞細亞生產方式這個馬克思的重要學說是前蘇聯和中國的共產黨從來最不願多提的，而現在主張特殊主義的中國思想家也很方便地把它當作西方炮製的東方主義而拋在一邊。韋伯的古代中國論的命運也好不了多少。

特殊主義在學說上最有成就的還是要數日本一九二〇年代至太平洋戰爭結束前的京都學派，其成員很多留學歐洲，有胡賽爾、海德格的學生，皆曾研習西學特別是當代德國哲學，再向本土固有思想中找資源，建立日本爲主體的哲學體系，進而企圖代替西方開始的現代，所謂「近代的超克」。太平洋戰爭前的馬克思主義者戶阪潤已經批評京都學派是全戰爭哲學，戰後五〇年代的日本左翼繼續棒打落水狗，而西方後現代馬克思主義者到九〇年代還稱京都學派爲法西斯主義，可見左翼對這類思想的一貫態度。我其實如另一些做比較研究的西方學者一樣，主張採用實是求是的寬容態度，該學派主要人物西田幾多郎、田邊元、西穀啓治等有些說法和行爲確曾在「哲學」層面被軍國主義用上，但他們的整體思想只是強調日本固有文化的特殊優越性，從而頗成功地發展出一套有異於當時西方的哲學體系，而不是直接鼓吹軍國侵略思想，故不必被貼上法西斯標籤——若京都學派算是法西斯，中國很多思想家都可被歸類爲法西斯了。這裏想強調的是，京都學派的遭遇給我們提供了一個警示：這種所謂超克現代的思想——認爲本土文化和固有思想資源可建構出超越西方開始的現代的另一種現代——是多麼容易被狂熱民族主義和法西斯軍國主義所利用。

## 三

從韋伯、博蘭尼和林德布洛姆的視角，可看到如下今日中國的現實：

- 中國現在的主導統治方式是「後魅力領袖統治」的官僚法律統治，加上一點傳統習性統治。這種統治方式只要能夠不斷獲得被統治者的認同，是可以合法地持續下去。
- 現在看來，這樣的統治可能會延續很長時間，因爲統治者與被統治者的合法性新共識，受到了希望穩定發展的頗大一部分人的支持，特別是有財富和話語優勢的城市人口。這不等於說支持現狀的人對政府和執政黨不會作出批評，或社會矛盾不尖銳。
- 這是精英管治、官僚吸納精英的年代，大量的知識精英正在爲這樣具有合法性的統治服務，而財富精英也與統治官僚關係緊密，既有勾結、也有制衡和反制的關係，但總的來說還是官僚佔絕大的主導權。

●為了獲得廣大被統治者的認同，官僚統治者需要越來越頻密地調整自己，如近期提出的和諧社會、以人為本，以及共產黨內大規模的保持先進性教育，就是因應「社會被發現了」。並因為傳統習性因素已不足以維持統治合法性（魅力領袖因素更弱），故需要進一步的理性化：依法治國、宏觀調控，和全面、協調、可持續的科學發展觀。

●但作為官僚體系，毛病必多，用法蘭克福學派社會學家克勞斯·奧佛（Claus Offe）的說法是：「依賴、惰性、尋租、官僚作風、裙帶主義、威權主義、犬儒主義、財政不負責任、逃避問責、缺乏主動和仇視創新，如果不是徹底的腐敗的話……」。我們還可以加上效率低落，各級政府、部委部門、中央與地方博奕不已，說的和做的有落差，而團結、穩定、協調、和諧等口號往往淪為對異議群體的打壓。官僚自我改善的能力和誠信備受懷疑。不過，這不表示官僚統治局面延續不下去。

●「政治」的中國官僚統治將持續地受到兩方面的壓力而必須不斷調整：民間「社會」的自我保護和全球及國內的市場化「經濟」。這裏，我們還可以加一個較新的範疇：生態「環境」。四者之間不會完全保持和諧。

●韋伯曾提到一種實質理性，有別於現代官僚法律的形式理性。依這個思路，一些在今日中國已深入民心的實質理性，例如西方開始的社會公正、實質自由、人的尊嚴、參與民主等，印度開始的眾生平等、慈悲等，和中國開始的天下大同、天人合一、退位讓賢、守望相助等，以及已形成了當代傳統的意識型態，如天下爲公、博愛、民族共和、德智體群美、個性解放、男女平等、安居樂業、爲人民服務、人民當家作主、實踐是檢驗眞理的唯一標準等，將持續與法治、科學、經濟和官僚統治的形式理性，有著施壓與被壓、挑戰與被調用的互動關係在。

● 在官僚統治下，包括執政黨在內的政府確應是公共知識份子關注的核心。在中國的現實狀況中，政府舉足輕重，政府的質素和管治能力，對經濟和社會都具有強勢的關鍵性影響，政府政策是左右中國發展的最重要國內因素，政府有形的手在經濟領域到處可見。過去十年間中國思想界的論爭，很多都是跟包括執政黨在內的政府的角色、功能和行爲有關。在改朝換代和革命議題式微的今日中國，現在思想界一般都認爲政府可成事也可敗事，但不能缺席，關注點體現於憲政、立法、中央地方關係、區域協調、制度創新、公民維權、民主選舉、政府功能轉變，以及國際社會的「善治」共識，包括廉政、法治、透明、問責、包容、講效率、無歧視、先諮詢、有回應、可參與和程序公正。

● 許多涉及公共政策的現實問題，如金融和國企改革、社會保障、轉移支付、城市規劃、環境保護、能源開源節流等，不能只交給技術官僚去處理，而是需要思想界的積極介入。

● 在一九八〇年代，胡耀邦和趙紫陽政府曾比較高姿態地聆聽知識份子頭面人物的意見，是一九四九年後的例外。九〇年代後，政府恢復了對知識份子的戒心，然而官僚吸納精英的行爲卻只有更爲積極，更多高學歷者成爲官員或替政府做事（我們談到大陸思想時不應忽略這方面的思想產出），而不能被政府吸納的知名公共知識份子，則被選擇性地分化、冷落或禁聲。胡溫當政後，對言論出版的尺度比後江澤民時期更收緊。但不管政府聽或不聽，公共知識份子不得不思考政府、議論政府、監督政府。

● 「社會被發現」的中國，有一個浩浩蕩蕩的現象已在推動社會面貌的大轉變，就是大量農民主動或被動地離土離鄉，其背後一大串相關連的問題，值得思想家投入心智，例如三農問題、城市化問題、民工問題、人權問題、勞工保障問題、經濟成長問題、地區不平衡發展問題、糧食問題、環境問題、下一代機會平等問題、文化融合問題、產業升級和向較低度發展地區轉移的問題等等。

● 官僚統治是可以跟含私有企業和市場的混合經濟並存的，或換句話說，包含私有企業和市場的混合經濟本身不會終結這樣的統治。這裏加一個韋伯與眾不同的論點：公民社會的發展也不會自動結束這樣的統治（我們只要想想香港就知道）。他認爲國家統治與公民社會是兩個不同的自主範疇，而且公民社會內的資源和價值之爭是永遠擺不平的。韋伯大概會指出，那種認爲社會、政治與經濟可以一致配套的合作主義（法團主義）

主張，將難以名副其實地獲得體現。

●對外戰爭是可以結束這樣的統治，故統治官僚首要避免與其他大國的大衝突——小衝突是免不了的但要限制在可控範圍內。台海若發生戰爭，是大是小結果難料。

●中國越來越深入全球經濟，而且現階段基本上是經濟全球化的受益者，連同國內市場發展，經濟高速成長，創造了巨大財富基礎，舉世矚目，無數人生活水平也因而有所提升。中國極有機會成爲現代化的發展成功故事、當代傳奇。但這並不表示中國經濟發展不會慢下來或痛苦地硬著陸。除了全球經濟的影響外，中國自已的官僚管治成了發展的雙刃劍，利開山闢石和調控，但易造成資源配置失誤和腐敗。其間，環境和一部分人也將付出巨大代價。

●中國越發展，與其他大國在局部環節上會越多糾紛，但若收放適度將不至升級成大衝突，例子是中國引進外資卻拒不開放資本市場——諾貝爾獎經濟學家斯蒂格利茨（Joseph Stiglitz）反因此稱讚中國政府敢於抗衡華盛頓共識。有些利益競爭如石油爭奪是有較大的潛在風險，但並非不可以通過經濟和外交手段解決。只要中國在涉外事務上繼續用現實主義而不是意識型態作爲決策基礎，中國的長遠利益將可獲得較大保障。

●中國深入參與全球化市場經濟還有一個理由：中國崛起需要時間，在所謂「戰略機遇期」，和平的外部環境很重要。如果今後中國影響的擴大只是在經濟和文化上，甚至在國際社會扮演更顯著角色，但在政治上內歛且軟硬有度、意識型態上不對立不狂熱、軍事上不外展不爭霸，就不會給美國右翼及其盟友一個藉口再去開動像一九四六年開始的對當時共產國家的全面實質圍堵政策。

●因爲各大國都深入全球市場，無一可脫身另闢新路如當年的歐洲法西斯，故在恐怖主義陰影驅之不散，國與國、區與區間小摩擦不斷的局面下，大國之間的戰爭應可避免。長久和平並非完全空想。

●中國崛起後，成爲一個霸主（美國）之外列強權力均衡的其中一強（像十九世紀的局面，並假定不出現超主權全球政府），只要不脫離全球化的市場經濟體系而另走極左極右道路，仍不致終結和平。

## 四

現在，很多人在表揚中國，但也有很多人在批評中國，還往往是這樣的：順著話語的路徑依賴，說中國好的時候就越說越一片光明，說中國壞的時候也越挖越恐怖。兩邊都好像有道理，兩邊都會引來反駁，而且反駁者亦很有道理。

而當大家月旦中國的時候，無可避免會說到中國政府和長期執政獨大的共產黨。

中國的政府，是指令經濟時代的全能大政府的後續，指令經濟雖已讓位給混合經濟，政府也一直在自我調整（非全能的大政府），但官僚依然統治中國，中國的事總還是大比例地牽涉到政府。

有大權力就有大責任，中國弄不好，中國政府肯定要負最大責任。當然，中國好，中國政府大概也做對了些事。

現在，中國、中國政府以至市場經濟的一切，好與壞似是擰在一起，而不是非此即彼。這大概也是很多人的印象和常識吧，是一個平凡但很眞實的感覺，只要是睜著兩隻眼睛，誰會看不到？

但若我們注意一下大陸的相關論述會驚訝地發覺，頗有一部分好像是只睜一隻眼，非此即彼，相互抗拒，以偏概全——故意瞇著兩隻眼睛的就不說了。

在政府、政黨、機構、企業等組織大量吸納精英的年代，加上爲了順應國際學術流派的壁壘，說話受自身利益立場限制的情況應不在少數。

我想，其他論述者並不是看不到全貌，一來是爲了不踫言論禁區以免麻煩，或只能在審查底限迂迴而有所不能明言；二來是爲了免於牴觸群眾甚至只是網民情緒而不作敏感之言；另外則是學術現實：有些話只能按下不表，不然說得越全就越像雞尾酒，不成一家之言——理論界頭上的「奧卡姆剃刀」。

也有可能只是體系化的思想，總是落後於現實。二十世紀雖已過去，但人們的思想資源，包括其中的理想主義成分和認知典範，還是來自上一個世紀或是更早。中國思想界常說的右派、左派、新左派、自由派、自由主義、新自由主義、保守主義、社會民主主義、傳統主義、權威主義、合作主義、民族主義、毛澤東主義、國家主義、極權主義、後極權主義、聯邦制、憲政民主、後殖民、後現代等，以及本文提及的韋伯、博蘭尼、林德布洛姆等觀點，都與它們生成的時間和問題意識分不開。可是中國現實弔詭而擅移形換影，我們經常是眼鏡度數不對、腦筋轉不過來、話語不夠用。

據說唐代有一名叫絳樹的歌女，可以同時唱兩支歌，「一聲在喉，一聲在鼻」，「二人細聽，各聞一曲，一字不亂」。那本事不是人人學得來。思想界更不好學「絳樹兩歌」，一張嘴同時唱說兩首歌，確是可疑，但不是這樣，中國的事情總好像不能說得全。

本文搬出了幾位令人不安的思想家，也只是想用稍爲陌生的密集語言，來重新描繪狡黠的現實，顧左顧右而言它，爲當下的思想討論弄點難以歸類的雜音，在我們還沒學會絳樹兩歌的表述二十一世紀雞尾酒現實之前，至少做到同時睜開兩隻眼睛。

## 五

韋伯沒看到法西斯政權的興亡，博蘭尼和林德布洛姆沒寫到蘇聯解體。

哈貝馬斯（Juergen Habermas）響應著歷史學家霍布斯鮑姆（Eric Hobsbawm）說道：漫長的十九世紀後，是一個短暫的二十世紀。他指的二十世紀，是由一九一四年第一次世界大戰開始，到冷戰結束的一九八九年。

現實世界終於跟這兩個現代的逆子——法西斯主義和指令經濟社會主義——說再見。中國的二十世紀，可以說是從清末開始的，故而非常的漫長，現正以慢動作落幕。史家以後可能會爭論，中國的二十世紀到底應算是哪一年結束，是一九七八年文革結束，一九九二年鄧小平南巡、二〇〇一年加入世貿，還是更往後？中國的新世紀，到底開始了沒有？

（二〇〇五年）

# 後記

集子裡的文章，主要是爲了向自己解釋而寫的。

自一九九二年始，三年北京、六年台北，再回到北京。之前，大部分時間在香港。說是眼界寬了，何嘗不是花多眼亂、腦子不夠用？

在台北和北京，有機會多看了台灣和大陸的書報刊，添了不少在香港的時候沒注意到的問題意識，甚至對香港也另眼相看了。可是，許多問號終究無解，很多感覺未曾表述。這時候就有衝動自己去寫。不知道別人寫作是不是這樣，我是動筆的時候思路還挺凌亂，邊寫邊想，到文章成形後，才恍然知道自己在想什麼。

希望這幾年我在台灣、香港和大陸所想所寫的文章，大家覺得還有點意思。

感謝網路與書郝明義看了稿子後說可以出版，徐淑卿在北京辦公室促成其事，台北劉慧麗很用心、很有見地的編輯；感謝于奇一直以來給我的鼓勵、意見與勘正。

二〇〇五年十一月寫於北京

Passion 04
# 移動的邊界

作者：陳冠中
責任編輯：劉慧麗
封面設計：張士勇
版面構成：楊美智/林慧懿
法律顧問：全理法律事務所董安丹律師
出版者：英屬蓋曼群島商網路與書股份有限公司台灣分公司
台北市 10550 南京東路四段 25 號 10 樓之 1
TEL ： 886-2-2546-7799　FAX ： 886-2-2545-2951
**讀者服務專線： 0800-252-500**
Email ： help@netandbooks.com
http ： www.netandbooks.com
郵撥帳號： 19542850
戶名：英屬蓋曼群島商網路與書股份有限公司台灣分公司

總經銷：大和書報圖書股份有限公司
地址：台北縣五股工業區五工五路 2 號
TEL ： 886-2-8990-2588　FAX ： 886-2-2290-1658
排版：極翔企業有限公司
製版：瑞豐實業股份有限公司

初版一刷： 2005 年 12 月
定價： 250元
Printed in Taiwan

國家圖書館出版品預行編目資料

移動的邊界／陳冠中著. --初版 -- 臺北市
：網路與書, 2005〔民94〕
面；公分. --（Passion ： 4）
ISBN 986-81623-4-3（平裝）
1. 論叢與雜著
078　　94023129